Natürlich Heike

Ulmer

Heike Boomgaarden

Natürlich
Heike

So lebe ich
mein Gartenjahr

Herausgegeben von
Bärbel Oftring

· JULI · AUGUST · SEPTEMBER ·

80 Ich fange mir die Sonne …

Das Füllhorn des Hochsommers ist mit Blumen und Früchten aufs Üppigste gefüllt. Dazu schenkt er mir dieses heiter-leichte Lebensgefühl.

· OKTOBER · NOVEMBER · DEZEMBER ·

126 Gesund durch den Winter …

Für meine Gartenschönheiten nehme ich mir nun viel Zeit, vor allem für die im Kübel. Sie bekommen einen kuschelig warmen Schutz für kalte Wintertage.

156 Wissensdurstig?

Heike Boomgaarden – mein Name ist Programm

Als Eva sich verführen ließ, den Apfel vom Baum der Versuchung zu ernten, wäre es wohl besser gewesen, sie hätte stattdessen ihren eigenen Apfelbaum gepflanzt. Dann wären Adam und sie höchstwahrscheinlich im Paradies geblieben.

Wie alles begann

Wie schön wäre es doch, wenn wir alle wieder ein wenig mehr im Paradies leben und unsere persönlichen Vorstellungen lustvoll umsetzen könnten. Darum, so dachte ich mir, schreibe ich ein Buch über paradiesisches Gärtnern, so wie ich es liebe und tagtäglich tue.

Zu mir kann ich sagen, ich bin vieles – und das gerne. Nach einer mehr oder weniger leidenschaftlichen Schulzeit begann ich eine Ausbildung zur Obstgärtnerin. Ich war das einzige Mädchen in der ganzen Berufsschulklasse. Welches Mädchen wollte damals schon Obstgärtnerin werden? Ich!

Auf dieser Welt gab und gibt es für mich wahrlich keinen besseren Arbeitsplatz als in blühenden Obstanlagen im Frühling, zwischen reifendem Obst im Sommer und bei der Ernte von köstlichsten Früchten, das ganze Jahr hindurch. Die Realität ist nicht ganz so rosarot. Die Ausbildungsjahre überzeugten mich davon, dass ich zwar den schönsten Beruf der Welt habe, aber doch im Winter gern mal ein paar Stunden im Büro sitzen möchte.

Von Auberginen und Äpfeln

Ein Praktikum führte mich nach Israel, wo ich mich unter anderem in Gemüsebaubetrieben um Auberginen gekümmert habe. Die Wüste fruchtbar zu machen und die Vielfalt der Pflanzen zu erhalten – erst dort wurde mir bewusst, dass ich mich darum kümmern wollte.
Zurück in Deutschland begann ich mein Gartenbaustudium in Geisenheim. Ich liebte die Pomologie, wie die Obstbaukunde auch heißt. In der berühmten Babypause (bis heute frage ich mich noch, wo war da eine Pause?) habe ich mit dem Aufbau meines Ingenieurbüros begonnen. Ich sehe den Hauptschwerpunkt meiner Arbeit darin, der Natur wieder ein Zuhause zu geben, egal ob auf naturnahen Spielplätzen, die mich an meine Kindheit und an meine eigenen Kinder erinnern, oder in Hausgärten. Liebevoll gestaltet bieten sie für Mensch, Tier und Pflanze die schönsten gemeinsamen Lebensräume. Aus diesen Gedanken heraus konzipiere ich meine Projekte, so etwa das Stadtprojekt „Die essbare Stadt Andernach".

Für manchen eine Herausforderung: mein Lachen

Mit meiner Medienarbeit habe ich erst sehr spät begonnen, mit 40 Jahren hatte ich meine ersten Gartensprechstunden im Radio. Ich liebte sie vom ersten Moment an: Live Fragen zu beantworten und dabei ein wenig mit Menschen plaudern, die sich für das Grün genauso begeistern wie ich, war und ist einfach wunderschön. Für die Tontechniker allerdings waren die Sprechstunden mit mir anfangs eine wahre Herausforderung, denn mein Lachen kann man ganz schlecht auspegeln. Wir haben uns schnell geeinigt: Wenn's wirklich lustig wird und ich losprusten muss, fahre ich mit dem Stuhl ein Stück vom Mikro weg. Nun mache ich schon viele Jahre lang Live-Sendungen in Radio und TV, die „Gartensprechstunde" in SWR 4 Rheinland-Pfalz, das „ARD-Buffet" sowie „Kaffee oder Tee" und die „Landesschau" im SWR-Fernsehen, mit immer noch derselben Freude wie am Anfang. Ganz besonders mag ich die Aktionen außerhalb der Studios, die Sprechstunden auf Festen, die „Rheinland Pfalz macht mit"-Projekte, „Wanderspaß" und vieles mehr. Viele meiner Eindrücke und Erfahrungen halte ich fest: in meiner Grünen Kolumne in der Allgemeinen Zeitung, in Artikeln, in meinem Buch „Natur sucht Garten" und auch in diesem! Viel Freude wünsche ich Ihnen beim Lesen, Schmökern und Nachmachen!

Herzlichst, Heike Boomgaarden

Die essbare Stadt Andernach: „Eine Stadt mit einer Philosophie. Toll. Und die Philosophie lautet: Wenn die Pflanzen aufblühen, dann blüht auch der Mensch auf. Wenn wir uns in den Kreislauf der Natur einfügen und von ihm lernen, dann werden wir von der Natur reich beschenkt. Dann wird die Natur ein Ort, an dem man Gott begegnen kann. Weil Gott überall dort ist, wo Menschen was geschenkt kriegen. Einfach so." (Anette Bassler, SWR Kirche)

Mein Gartenjahr beginnt ...

Der Januar ist für mich die Zeit, mich zurückzuziehen und gleichzeitig vorwärts zu schauen, denn Lebendiges auf den Weg zu bringen, ist die schönste Gartenarbeit am Jahresbeginn. Am besten funktioniert das zurückgelehnt in den kuscheligen Ohrensessel. Mit all den noch ungelesenen Gartenkatalogen komme ich mir vor wie im Schlaraffenland – und der Sammler und Jäger in mir bricht durch. Da ist es gut, dass ich noch ein wenig die Weihnachtssättigung in mir trage, sonst würde meine grüne Seele beim Anblick all dieser Schätze in unbegrenzten Kaufrausch verfallen. Ob winterharte blaue Fuchsien, Gartenamaryllis, Burgunder Trüffel, ein Speisekürbis ohne Ranke oder, noch besser, eine Kletterzucchini und die Banane 'Buzzy' – all dies verspricht das große grüne Staunen. Wahre Exzesse könnten es werden, doch da ich mich gut kenne, trickse ich: Zunächst erfülle ich mir alle Wünsche auf einem Blatt Papier, um dann die meisten ein paar Tage später bei klarem Verstand wieder zu streichen.

In den ersten Monaten im Jahr kommt für mich aber auch die Sehnsucht auf, endlich wieder draußen im Garten zu arbeiten, an dem Ort, der mir unendlich viel Glück schenkt. Doch was macht uns im Garten so glücklich? Für mich ist er der Ort, an dem ich hautnah erfahre, dass es Dinge gibt, die ich ändern kann. Aber auch, dass ich andere Dinge hinnehmen muss, die ich eben nicht beeinflussen kann. Im Garten bin ich eingebunden in den natürlichen Jahreszeitenrhythmus mit den Phasen des Säens, des Pflegens, des Erntens und des Ruhens. So lässt sich auch Geduld gut lernen: Eine Pflanze wird gesät, sie keimt, blüht, fruchtet – all dies lässt sich nicht beschleunigen, sondern nur betrachten. Das Bewusstsein für Zeit relativiert sich und dies ist wundervoll in einer immer hektischer werdenden Welt.

Oben:
Winterling und Schnee-
glöckchen verzaubern
nun den Garten.

Zwiebelzwerge: Das Leben erwacht

Oben rechts:
Nach einem langen
Winterschlaf schauen keck
die ersten Zwiebelblumen
aus dem Boden.

Im Garten sehe ich die ersten weißen, gelben und lila Punkte, als kleiner Pulk unter meinen Sträuchern, in dunklen Ecken miteinander kuscheln und plaudern – Zwerge, die den Frühling ankündigen.

Alles neu macht der Januar

Der Januar oder Janus öffnet die Tür zum neuen Jahr. Janus, abgeleitet vom lateinischen „ianuae", steht für Türen, Eingänge und Neubeginn. Der Neubeginn ist nicht immer leicht, wie es der alte deutsche Name für den Januar verkündet: „Hartung" bedeutet kalt, hart, gefroren. Für mich bedeutet das neue Jahr auch, einen großen oder kleinen Neubeginn zu wagen. Allein geht das meist etwas schwerer, aber dafür haben wir ja unsere Freundinnen, die uns unterstützen.

Auch das Schneeglöckchen weiß, dass es einen sehr starken Freund hat: Als Gott nämlich den Schnee erschuf, gab er ihm keine Farbe. Daraufhin ging der Schnee von Blume zu Blume und bat darum, dass sie ihm etwas von ihrer Farbe abgeben mögen. Aber alle hatten Angst, dann nicht mehr so schön zu sein und von den Insekten übersehen zu werden, also weigerten sie sich. Nur das Schneeglöckchen hatte Mitgefühl und sagte: „Wenn dir die Farbe von meinen Glöckchen gefällt, kannst du dir gern davon nehmen." Seitdem ist der Schnee weiß und das Schneeglöckchen ist die einzige Blume, dem der Schnee nichts anhaben kann. Wie gut, Freund zu sein.

Versilberte Schneeglöckchen

Zauberhaft, die botanische Seite dieser Freundschaft zu sehen, denn sie erfüllt mich stets mit noch mehr Ehrfurcht vor der Schöpfung: Schneeglöckchen, die sich schon ab Ende Januar an sonnenbeglückten Plätzen zeigen, erzeugen Biowärme. Egal wie frostig es draußen ist, in ihren Pflanzenkörpern sind es bis zu 10 °C. Gerne hole ich mir die zarten Blüher ins Haus, dort öffnen sie mit Sicherheit ihre seidenzarten Winterknospen. Ganz wichtig für die kleinen Glöckchen ist Einfachheit. Ein einfaches Gefäß, nichts Buntes, nein, vielleicht ein Kristall oder altes Silber geben einen ruhigen, aber doch hofierenden Rahmen für den Überbringer einer wichtigen Botschaft: Winter ade. Denn im phänologischen Kalender zeigt die Schneeglöckchenblüte den Vorfrühling an. Das Gärtnerische ist beim Schneeglöckchen ebenso einfach wie kompliziert. Bevorzugter Standort ist wohl der mehr humusreiche, feuchtere Halbschatten unter Laubgehölzen bis hin zu morgens und abends besonnten Bereichen. Aber Schneeglöckchen ist nicht gleich Schneeglöckchen. Können auch Sie ihnen wie ich nicht widerstehen und haben, unter hartnäckigstem Abwägen, nur 100 von 500 verschiedenen Sorten auf der letzten Raritätenbörse gekauft, so sollten Sie sich genauestens über deren Lieblingsstandorte informieren. Sie sollen ja gedeihen und dem Schnee ein helles Lebewohl entgegen tönen.

Bunte Farben satt

Im und rund ums Haus setze ich jetzt dem tristen Grau vielfach Buntes entgegen: himmlisch blaue Traubenhyazinthen, poppige Tulpen, zarte Vorfrühlingsanemonen, lila Zwerg-Iris, leuchtend gelbe Narzissen ... Alle recken ihre kecken Blüten aus den Töpfen, um noch vor der im Garten erwachenden Natur mit dem Frühling zu spielen. Mit großer Entdeckerfreude finde ich auf Bauernmärkten und in Gärtnereien den blühenden Frühling und tüte ihn ein. Daheim heißt es gleich, nun raus aus den schnöden schwarzen Töpfen und rein in das, was mir gefällt. Ganz ehrlich, mein Geschmack ist nicht immer von Trends abhängig, oft behelfe ich mir mit Pfiff und Kreativität. Dazu sammele ich beim Frühjahrsputz (ja, auch das bringt frischen Wind in mein Heim) viele Gefäße und bepflanze sie. Es muss nicht unbedingt ein richtiger Blumentopf sein, auch ein altes Emaille-Gefäß, eine ausrangierte Wanne, ein alter Koffer lassen den Frühling im Haus anreisen. Sogar mit schnellen Schritten eilt er herbei und wird, gepflanzt in alten Gummistiefel oder von langen Wegen durchlöcherten Wanderstiefeln, zu neuem Leben erweckt. Nach dem Pflanzen gilt es wachsam zu sein, denn keine Zwiebelblume verträgt Staunässe.

MEINE LIEBLINGS-SCHNEEGLÖCKCHEN VON A BIS Z

› 'Arnott': großblütig, herzförmige Markierung auf inneren Blütenblättern
› 'Brenda Troyle': großblütig, blüht sehr früh
› 'Deer Sloot': Blüte sieht wie ein Propeller aus
› 'Lady Beatrix Stanley': klein, aber fein und voll gefüllt
› 'Lady Elphinstone': etwas ganz Besonderes! Erst gelb, blüht grün auf, gefüllt
› 'Merlin': sehr dekorativ, auffällig, innere Blütenblätter dunkelgrün, blüht sehr früh
› 'Mumbo Jumbo': sieht aus wie eine dicke Hummel
› 'Walrus': eigenartig verdrehte, schmale Blütenblätter

So geht es den Zwiebelblumen gut: Am besten wässern Sie die Blumen schon vor dem Pflanzen durchdringend, insbesondere dann, wenn im gekauften Töpfchen die Erde um die Wurzeln relativ trocken ist. Der Boden des Pflanzgefäßes sollte Löcher haben; dann kann überschüssiges Wasser gut abfließen – ideal auch auf nicht vor Regen geschütztem Balkon oder Terrasse.

14

MEIN KLEINES, FEINES FRÜHLINGS-ARRANGEMENT

Bunte Haushaltsgummis um neun kleine Tontöpfchen wickeln, sehr pfiffig, dazu Blumen in drei Farben – Blau, Weiß und Grün: In drei Töpfchen pflanze ich blaue Traubenhyazinthen (*Muscari botryoides* 'Superstar'), in drei andere grünen Efeu (*Hedera algeriensis* 'Glorie de Marengo') und in drei weiße Traubenhyazinthen (*Muscari azureum* 'Album'). Die Töpfchen stelle ich zusammen auf eine Fensterbank oder ein Tablett.

Krokusse gehören zu den wichtigsten frühblühenden Zwiebelblumen im Garten.

Sonniges Blütenmeer

Vor dem Eingang auf der Terrasse und überall dort, wo mein Blick sehnsüchtig den Frühling sucht, gibt es unschlagbare Kombinationen. Große Tulpen zusammen mit kleinen Traubenhyazinthen sind wunderschön oder Blausternchen, die allein kaum auffallen, sind im großen Team nicht zu übersehen. Setzen Sie Blausternchen mit der Kuhschelle zusammen. Das läutet den Frühling klangvoll ein. Mir gefällt allein schon der Name Kuhschelle, diese hübsche Frühblühende wird etwa 25 cm hoch, besitzt große Blüten sowie seidig-fein behaarte Knospen und Blütenstängel. Pflegeleicht ist sie auch. Die silbrig-filzigen Blütenknospen erscheinen schon vor den Blättern. Topfpflanzen setzen sie nach der Blüte zusammen mit den anderen in den Garten, so haben Sie noch jahrelang Freude an der den Frühling einläutenden Kuhschelle.

Liebling Winterling

Gleich einem gelben Teppich unter blätterleeren Bäumen wächst der Winterling auf satten Böden. Für die Illusion eines sonnendurchfluteten Blütenmeers können Sie sorgen, indem Sie den Winterling im Frühling nach der Blüte weiter im Garten verteilen. Nach kritischem Blick in den Garten, wo solch ein kleiner, aber doch so wichtiger Bewohner meines grünen Wohnzimmers seinen Teppich ausrollen kann, wähle ich immer den Schutz von Gehölzen und Mauern. Hier lässt er sich mit Funkien kombinieren, die den kleinen gelben Frühlingsboten im Sommer wohl umhüllen. Mit einem scharfen Spaten

Traubenhyazinthen gibt
es in vielen verschiedenen
Blautönen, die sich gut
kombinieren lassen.

hebe ich nun vorsichtig eine Sode aus dem verblühten Teppich heraus und lege händefüllende Teilstücke in ihr neues liebevoll vorbereitetes Zuhause. Den Boden am neuen Platz hatte ich bereits mit wohlriechender Lauberde gemischt.

Fühlt sich der Winterling so richtig pudelwohl, macht er mir die persönliche Freude und vermehrt sich nicht nur mit seinen Sprossenknollen, sondern schleudert auch seine Samen in den Garten. Plauderfreudig den Frühling begrüßend und bestimmt auch über so manche winterliche Widrigkeit berichtend, liebt der Winterling die Nachbarschaft von Blau- und Weißsternen, Hundszahn, Krokussen, Schachbrettblumen und Vorfrühlingsanemonen – und natürlich vom Schneeglöckchen.

Gutes für mich und meinen Garten: Im Januar kaufe ich immer eine große Packung Heilerde. Diese teile ich freundschaftlich mit meinen Dahlien, damit wir im Frühling richtig hübsch sind. Im Januar sollten Sie die eingelagerten Dahlienknollen gut kontrollieren und faule Stellen mit einem scharfen Messer entfernen. Danach Heilerde darauf streuen und schon ist die Knolle gut versorgt.

Für mich rühre ich die Heilerde mit Olivenöl zu einem dicken Brei, mit dem ich Gesicht und Hände peele. Schon sind Winterblässe und trockene Stellen in Pfirsichhautgefühl verwandelt.

Knospe ist nicht gleich Knospe.
Blütenknospen sind rundlicher
und dicker als Blattknospen.

Obstbaumschnitt von zarter Hand

Eine gute Gartenschere,
die regelmäßig gepflegt wird,
hält ein Leben lang.

*Eisblumen am bibbernd kalten Schuppenfenster begrüßen mich
am Februarmorgen. Es wird Zeit für mich, meine Gartenschere
nachzuschleifen und den ersten sonnigen, frostfreien Tag zu
schnappen, um meinen Bäumen einen Frucht bringenden Schnitt
zu geben.*

Für große Ernten

Allein das Schleifen der Schere hat etwas Feinstoffliches. Über die Klinge
meiner Baumschere, flach in der linken Hand kuschelnd, gleite ich mit dem
Keramikstein im Winkel von 23°. Kennen Sie das, wenn jede Kerbe eine kleine
Geschichte erzählt und Erinnerungen weckt? So etwa an einen Moment der
Ungeduld, als ich die Schere ihrem Zweck entfremdete, oder an den Tag, an
dem die Luft so klar und die Sonne so warm war, das die Arbeit am Baum zur
puren Energiedusche wurde. Die ruhige Arbeit des Schereschleifens weckt
in mir die Vorfreude auf die kommende Gartensaison, auf die erdende und
ehrliche Arbeit.

Mit Mut an den Baum

Die Natur hat ihre grundeigenen Regeln, so auch beim Schnitt der Obstbäume. Diese Regeln sind dieselben, egal ob Sie sich einen neuen kleinen
obstspendenden Baum für Ihren Garten gekauft haben oder ob Sie der
glückselige Besitzer eines weisen knorrigen Baumfreunds sind. Die Schöpfung
gab dem Baum eine Krone, etwas wirklich Königliches. Die Krone weist einen
Leittrieb, weiterhin Äste erster Ordnung und Äste zweiter Ordnung sowie die
Zweige mit dem Fruchtholz, also die, die später das leckere Obst tragen, auf.
Wichtig ist, dass sich der Leittrieb, der ja die Führung übernehmen soll,
immer an der höchsten Stelle im Obstbaum befindet. Die Äste erster Ordnung,
die das Gerüst der Krone bilden, haben sich dem Leittrieb unterzuordnen.
Beachten Sie dieses Gesetz nicht, vielleicht weil Ihrem Innersten eine Unter-
ordnung extrem widerspricht, hätte das aber für den Baum zur Folge, dass die
Äste im unteren Drittel vergreisen und verkahlen. Die von Ihnen so begehrlich
erhoffte Ernte würde in himmlische Höhen steigen. So manchem Obstbäum-
chen im Garten ist es so ergangen; es ist vor seiner Zeit alt geworden und
würde doch so gerne noch wissen, wie es war, jung zu sein. Tun Sie dem ver-
greisten Baum den Gefallen und schenken Sie ihm einen Verjüngungsschnitt.
Im Gegensatz zu uns Menschen, die wir nur die Möglichkeit haben, im Herzen
jung zu bleiben, funktioniert das Verjüngen tatsächlich und ist von jedermann
zu bewerkstelligen. Es mag ein wenig brutal, fast gegen die Würde der Pflanze
klingen, aber bis zu zwei Drittel des Kronenvolumens sollten Sie mit sauberen
Schnitten entfernen. Stümpfe bleiben zurück, aus denen neue Triebe wachsen, jung und bereit, fruchtvoll zu werden. Mit diesen jugendlichen Trieben
schenken Sie dem Baum seine Königlichkeit zurück, seine stattliche Krone.
Um einen Wundverschluss mache ich mir keine Gedanken, sauber geschnitten
ist halb geheilt. Unachtsam aufgebrachtes Baumwachs kann mehr Schaden
anrichten als Nutzen bringen. Oft reicht es aus, einfach Lehm auf die Wunden
zu reiben. Damit wird die Kallusbildung angeregt und der Baum heilt sich
selbst.

SCHRITT FÜR SCHRITT

Alle aufsitzenden senkrechten
Triebe der Obstbäume entferne
ich konsequent.

Ich schaffe immer ein
Gleichgewicht zwischen
jungem und altem Holz.

Lieber schneiden als schnippeln
und immer ohne Stummel
direkt am Ast abschneiden.

Johannisbeeren brauchen einen regelmäßigen Schnitt, damit sie viele Jahre vollen Ertrag bringen.

DER BESTE SCHNITT-TERMIN

Sehr wüchsige Bäume schneiden Sie im belaubten Zustand, die übrigen in der vegetationslosen Zeit, also im Winter. Ein Wundverschluss ist nicht notwendig.

Äpfel frisch vom Stamm

Säulenäpfel, die von Natur aus sehr schlank, eben säulenförmig wachsen, erfreuen sich zunehmender Beliebtheit im Garten. Man kann sie recht eng pflanzen (30–60 cm) und erhält dann eine fruchttragende Hecke, die auch als Sichtschutz dienen kann. Im Handel finden Sie mittlerweile auch attraktive und robuste Sorten. Nicht oder nur ganz selten verzweigen sich die Säulenbäume, denn sie haben eine nur geringe Neigung zur Seitenastbildung. Die Blüten und Früchte wachsen direkt am Stamm bzw. der Stammverlängerung. Doch trotz des genetisch bedingten Säulenwuchses muss auch bei diesen Bäumen die Gartenschere her: Kurze Verzweigungen und Seitentriebe schneiden Sie am besten bis auf einen etwa 3 cm langen Stummel ab. Dort bilden sich dann wieder kurze Fruchtspieße, der säulenförmige Charakter bleibt aber erhalten. Genauso verfahren Sie mit älteren Seitentrieben. Auch die Höhe der Säulenbäume können Sie selbst bestimmen: Sind die Bäume hoch genug, schneiden Sie sie regelmäßig in der gewünschten Höhe ab.

Schwarze Johannisbeeren dürfen in keinem Garten fehlen, sie sind Gesundheit pur.

Johannisbeeren fein gemacht

Wenn Sie dann von der Leidenschaft des Schnitts befallen sind, sollten Sie sich gleich noch die Johannisbeeren vornehmen. Lieben auch Sie die aromatischen gesundheitsspendenden Schwarzen Johannisbeeren? Dann denken Sie beim Schneiden stets an die Faustregel: Fünf bis sechs neue Basistriebe und fünf bis sechs alte Triebe bleiben harmonisch verteilt stehen.

Nun sind die Roten dran, sie machen es den Schwarzen nach. Nur die schwächeren Johannisbeeren dürfen ein wenig mehr altes Holz behalten, welches Sie, denn Schnitt muss sein, einkürzen.

Nun gibt es ja nicht nur die Johannisbeeren, die sich pfiffig immer wieder aus dem Boden erneuern, sondern auch die gekrönten Häupter, Hochstämme genannt. Damit auch diesen stolzen Beeren ein langes, erfolgreiches Leben gewährt wird, schenken ich ihnen, wie es eben Kronenträger von Haus aus gewohnt sind, ein wenig mehr Aufmerksamkeit. Für die Kronenerziehung ist es wichtig, dass die Edelsorte nicht aus der Veredlungsstelle bricht. Daher benötigen Hochstämme ständig eine Stütze, an der die Krone festgebunden ist – sonst wackelt das gekrönte Haupt. Ein gutes Gleichgewicht stelle ich her, indem ich mit gutem Augenmaß die Äste so schneide, dass die Krone weder links- noch rechtslastig ist. Für Balance sorgen – beim Schneiden wie auch im richtigen Leben nicht immer eine einfache Aufgabe, Obstbaumschnitt ist nichts anderes als gute Menschenkenntnis.

Stützen für Ihre Hochstämmchen können Sie übrigens auch einfach selber machen. Dabei kommt Ihr alter Tannenbaum doch noch zu Ehren. Diesen einfach entasten, am dickeren Teil mit Axt oder Säge anspitzen und auf die Spitze eine lustige kleine Figur setzen oder mit Bändern schmücken. So bekommen Sie lustige Halter für alle Lebenslagen.

Mein Frühlings-Apfelrezept: Die schrumpeligen Äpfel und weichen Lebkuchen, Überbleibsel der Weihnachtszeit, sind viel zu schade für den Müll. Sie ergeben zusammen einen grandiosen Gaumenschmaus: Lebkuchen zerbröseln und mit dem frisch gepressten Saft einer halben Zitrone mischen. Je nachdem, was meine Küche bietet, mische ich noch Nüsse, Rosinen oder Marzipan darunter. Nun steche ich das Kerngehäuse der Äpfel aus, fülle die Lebkuchenmasse hinein, setze noch ein leckeres Butterflöckchen darauf – und ab für rund 25 Minuten in den 180 °C heißen Backofen. Wer mag, gibt anschließend noch warme Vanillesauce oder ein feines vanilliges Kügelchen Eis dazu.

→ Obwohl ich viel Zeit an der frischen Luft verbringe, bin ich nicht immer gut drauf. Aber ich habe ein Rezept dagegen ...

Wenn mich der Blues packt ...

Wenn morgens schon beim Aufstehen die Seele bedrückt und das Wetter grau ist, feiner Nieselregen gepaart mit Wind mich im Haus hält, beginne ich den Tag mit meinem Spezialtee. Mein Tee gegen den Blues.

SANFTER WÄRMESPENDER INGWERMILCH

Einen Teelöffel frisch geriebenen Ingwer in 200 ml warme Milch geben, umrühren, bei Bedarf mit etwas Honig süßen. Wärmt hervorragend!

Dann heißt es aber „Raus vor die Tür!", denn am schnellsten vergeht die düstere Stimmung bei frischer Luft und Tageslicht. Das Licht gelangt über die Augen direkt ins Gehirn. Dort regt es die Produktion der stimmungsaufhellenden Botenstoffe Endorphine und Serotonin an. Fehlt uns Licht, schnellt das Melatonin in der Zirbeldrüse nach oben und die „Glücks-Produktion" im Gehirn arbeitet nicht. Das kann ich gar nicht leiden, denn dann greife ich gern zu zu viel Schokolade. Also raus ins Freie, um das Verhältnis zwischen Serotonin und Melatonin in günstige Bereiche zu bringen – und damit auch meinen Gemütszustand. Herrscht draußen grausiges Matschwetter, achte ich – ein Tipp für alle Frauen – darauf, dass meine Füße stets warm sind. Dazu kaue ich ein Stück Ingwer. Scharf ist das, aber wie heißt es so schön: „Nur die Harten kommen in den Garten." Wenn Sie es sanfter mögen, machen Sie sich einfach eine Ingwermilch, die hilft auch super, wenn die Nase anfängt zu laufen. Und nun endlich raus, denn im zeitigen Jahr verwandeln sich gern stehen gelassene Blüten und Samenstände zu kristallenen Kunstwerken, in denen sich die Sonnenstrahlen des erahnten Frühlings brechen und bunte Bilder auf den Schnee zaubern. Ungewöhnlich ist auch der sanfte Parfümduft, den sich so manche Pflanze im Winter aufgelegt hat. *Viburnum farreri*, nicht ohne Grund Duft-Schneeball genannt, schnuppert fein nach Vanille. Mahonien, ab Januar mit kräftig gelben Blüten, riechen nach Honig. Liebenswert die Chinesische Winterblüte mit betörendem Duft. Meine Stimmung ist dann wieder bestens, wenn ich mir ein paar duftende Zweige für zu Hause schneide, von der schnittverträglichen Duft-Heckenkirsche (*Lonicera × purpusii* 'Winter Beauty') mit Veilchenduft oder der mandelduftenden Schneeforsythie (*Abeliophyllum distichum*), die ab März im Garten (geschützter Standort oder im Kübel) blüht.

Mein Tee gegen den Blues

· 01 ·

Ich wähle Teekräuter, die nach Sommererinnerungen schmecken, und mische selbst gesammelte und sanft getrocknete Melisse, Zitronenverbene, Ringelblume, Johanniskraut und Rosenblätter im gleichen Verhältnis. Schon die Farben – das Orange der Ringelblumen und das Rot der Rosenblätter – heben meine Stimmung.

· 02 ·

Die benötigte Menge Teekräuter zerkleinern, zum Beispiel zwischen den Fingern oder im Mörser. Zwei schwach gehäufte Teelöffel oder drei Fingerprisen der zerkleinerten Kräuter in eine Tasse geben, mit 250 ml heißem Wasser übergießen und fünf bis sechs Minuten ziehen lassen. Dann die Kräuter abseihen und aufheben. Innerhalb von zwei bis drei Stunden können Sie mit ihnen nochmals einen zweiten Teeaufguss machen. Nach Geschmack mit wenig Honig süßen.

ZUTATEN:

Teekräuter (Melisse, Zitronenverbene, Ringelblume, Johanniskraut und Rosenblätter)
Wasser

*Nach dem Genuss dieses sonnengefüllten
Tees kommt Stimmung auf ...*

Mein wunderbares Primelmeer in Farbtöpfen

*Sind Sie Fasenachter? Ich liebe diese Zeit der schillernden
Fantasie. Dennoch kommt Fastnacht für mich immer so überraschend wie Weihnachten – und so bin ich mit meinen
Kostümen stets ein wenig in Not. Was soll's? Bunt treiben es
in meinem Haus mindestens die Primeln.*

Farben machen Laune

Die Primel, vom lateinischen „prima" (die Erste) abgeleitet, ist die Botschaf-
terin des Frühlings. Schlüsselblume wird sie auch genannt, weil sie – so
empfinde ich es – mit ihren Schlüsselblüten das Tor zur neu erwachenden
Natur öffnet. Und das der Herzen. Farbenfreudig wischen die leuchtenden
Primeln, ein wenig ignorant der Macht der Kälte gegenüber, das winterliche
Grau weg. Sich farblich aufschwingend wie ein Regenbogen kommen sie erst
in kunterbunte Übertöpfe, dann erfüllen sie unsere wintermüden Herzen.
Farben haben ihre Wirkung. Obwohl sie bei jedem Menschen ganz individu-
elle Reaktionen und Empfindungen auslösen, werden den jeweiligen Farben
spezifische psychische und physische Wirkungen nachgesagt, die sich etwa die
Farblichttherapie zunutze macht. Ich treffe mein Farbauswahl eher intuitiv
und horche ein wenig in mich hinein, bevor ich die Farben für die verschiedenen Räume meines Hauses wähle.
Rote Übertöpfe für die bunten Primeln im Büro steigern mein Wohlbefinden
und meine Vitalität. Rot aktiviert den Willen, arbeitet gegen Trägheit und
Energielosigkeit, denn diese Farbe regt die Durchblutung und den Stoffwechsel an. Im Wohnzimmer darf es knallen: Orange und Gelb geben den Ton an.
Mal unten, mal oben, ob Topf oder Pflanze – diese Kombination ist das reinste
Wundermittel gegen jeden trüben Gedanken und Traurigkeit. Dank sei den
kleinen Farbpunkten, die die Kraft haben, das Nervensystem zu stärken und
Trübsinn und Melancholie zu vertreiben. Blau wird es im Zimmer des Schlafs,
den hier beruhigen und entspannen die blauen Hübschen vor allem bei nervö-
sen Störungen, Schlaflosigkeit, Ängsten und Unruhe. Ach herrje, welch große
Aufgaben für so kleine Wesen!

Geheimnisvolle Primeln

Primeln gibt es in großer Vielfalt: Neben den bunten *Primula-Vulgaris*-
Hybriden werden Aurikeln, Becherprimeln und noch viele mehr angeboten.
Kissenprimeln mag ich besonders gern, denn ich streichele gern ihre schön
kompakten Köpfe. Dabei komme ich einer angenehmen Pflicht nach, denn
beim behutsamen Streicheln knipse ich alle welken Blätter und Blüten ab.
Keine Sorge, das Allergie auslösende Primin früherer Primeln ist heutzutage
züchterisch entfernt.

Links:
Kombinieren Sie die Primel mit passenden Übertöpfen, bei über 400 Sorten wird es dann richtig bunt.

Oben rechts:
Die Schlüsselblume (*Primula veris*) wird auch Himmelsschlüssel genannt, sicherlich, weil sie das Tor zum Frühling öffnet.

Genug kann man von Primeln nie bekommen, je mehr, umso besser. Die Primel setzt Zeichen, ein wenig wie der Fasching: Rauschende Farben in wogender Musik, Überschwang gegen Tristesse, um dann, eines Tages ist es soweit, unauffällig zu Grabe getragen zu werden. Doch Halt! Primeln entsorgen Sie nicht auf dem Kompost. Stattdessen bergen Sie die verwelkten, schlappen Pflänzchen aus dem Topf und pflanzen sie in des Gartens feuchte Erde. Sie ziehen sich zurück, um dann im nächsten Jahr kleiner und bescheidener, aber über die Jahre hinweg im freudigen Farbenkleid den Winter zu entgrauen.

So bunt wie der Fasching: Primeln bringen gute Laune in vielen Facetten ins Haus, auch in den Balkonkasten und in die Schale vor der Tür, mal belebend, mal beruhigend – aber stets auf fröhliche Weise. Kombinieren Sie Primeln mit anderen Frühlingsstauden wie zum Beispiel der Schaumblüte, dem Schöterich, der Marokkanischen Margerite oder Gräsern. Bei Frost müssen die Kästen reingeholt, geschützt gestellt oder abgedeckt werden.

Meine Zimmerpflanzenlieblinge

Bromelien bringen den Orient ins winterliche Grau. Sie erleben im Moment eine herrliche Renaissance, sind schon fast etwas zu laut bunt. Trotzdem sind sie zauberhaft, zaubern sie doch ein wenig von der bunten Faszination eines orientalischen Basars in meine Wohnung.

Wohlfühlen großgeschrieben

Vriesea, eine Bromelie mit rund 300 verschiedenen Arten, erfüllt das Zimmer gleich einem fröhlichen Gemälde. Viele von ihnen gar, heiter miteinander kommunizierend, sprühen jeden dunklen Gedanken aus unserer Seele. Die Farbkleckse aus dem latein- und südamerikanischen Urwald sollten an einem hellen, vor direkter Sonne geschützten Standort bei 18 °C und mehr wachsen. Stets darf ein wenig Wasser im Trichter stehen, gleich einem winzigen Teich (Saugschuppen nehmen dort begierig das Nass auf), aber der Wurzelbereich muss ohne Staunässe sein. Gedüngt wird im Winter nur wenig.

Dankbar sind jetzt unsere grünen Pflanzenfreunde für eine Wellnessbehandlung. Die großen Blätter ächzen nach Luft und warten darauf, sanft mit warmem Wasser abgerieben zu werden. Gönnen Sie ihnen ein wenig Massage oder eine Ansprache. Mit Pflanzen zu sprechen mag für den einen oder anderen vielleicht merkwürdig erscheinen, sollte es aber nicht. Denn mit dem Sprechen wenden Sie sich stets liebevoll und voller Konzentration dem lebendigen, grünen Gesprächspartner zu. In dieser sprachlichen Hinwendung erfahren Sie tatsächlich mehr als im lässigen Rhythmus der üblichen Pflanzenpflege. So merken Sie etwa genau, ob die Blätter ein wenig weicher sind, ob das Grün nicht spritzig frisch, sondern bedrohlich dunkel ist oder braune Ränder bekommt.

Ganz links:
Die Lanzenrosette (*Aechmea fasciata*) gehört zur Familie der Bromelien und stammt aus dem tropischen und subtropischen Mittel- und Südamerika.

Links:
Die Bromelie hat nicht umsonst einen Trichter: Lauwarmes Wasser sollten Sie direkt in die Rosette gießen.

Mit allen Pflanzensinnen

Obwohl Pflanzen kein Gehirn haben, können sie sehen, schmecken, riechen, fühlen und wahrscheinlich hören. So wurde in der Spitze von Maiskeimlingen ein Rezeptor gefunden, der der menschlichen Netzhaut ähnelt. Ach? Natürlich! Wieso ließe sich sonst erklären, dass Zimmerpflanzen, die am Fenster stehen, zielstrebig zum Licht wachsen? Dieses Fühlen erleben Sie konkret wenn Sie eine Mimose streicheln. Und auf klassische Musik reagieren Pflanzen mit einer höheren Zellaktivität.

Das lockt, genauer hinzuschauen. Sind sie auch intelligent genug, alle die angelegten Sinne zu nutzen? Ein Leben lang hat es mich zum Staunen gebracht, wie die Pflanzen in ihrer begrenzten Welt – laufen können ja die wenigsten – fantastische Ideen umgesetzt haben, um ein Optimum an Lebensqualität und Nachkommenschaft zu erzielen

Eine Kamelie für die Dame

Empfindlich bei hohen Temperaturen, da fälschlicherweise als Zimmerpflanze gehandelt, braucht die Kamelie, ganz unerschrocken, einen kühlen Wintergarten. In Verdis Oper „La Traviata", basierend auf dem Roman „Die Kameliendame" von Alexandre Dumas, spielt die Kamelie eine bedeutende Rolle, denn ihre rote Blütenfarbe verkündet: „Du bist die Flamme meines Herzens." An dieser Botschaft können Sie sich lange Zeit erwärmen, wenn Sie die Kamelie in lockere, durchlässige, leicht saure Erde pflanzen und ihren feuchtigkeitsliebenden Blättern eine relative Luftfeuchtigkeit von 50 – 60 Prozent schenken. Für eine lange Freundschaft ist es äußerst wichtig, dass Sie beim Gießen auf die sehr persönlichen Wünsche der Kamelie achten. Vor allem in der Wachstumsphase von Ende Frühjahr bis zum Herbst muss sie reichlich gegossen werden. Sind Sie in dieser Zeit unachtsam gegenüber der feinen Dame Kamelie, kann es sein, dass diese Sie bestraft durch das Abwerfen der Knospen. Aber keine Angst: Wenn Sie ab nun alles beachten, setzt die Kamelie neue an und wird im nächsten Jahr umso prächtiger blühen.

EXOTEN ALS ZIMMER-PFLANZEN SELBER ZIEHEN

Jetzt gibt es in vielen Läden exotische Früchte. Aus deren Samen können Sie Zimmerpflanzen selber ziehen.

Mango: Fruchtfleisch abschaben, Kern gut trocknen; dann Kern öffnen und den inneren Saatkern flach in einen Topf mit Anzuchterde legen, durchsichtige Plastiktüte darüber stülpen, an einen warmen Platz mit 20 – 25 °C stellen.

Grapefruit und Zitrone: Samen von reifen Früchten einige Tage in den Kühlschrank legen, dann die Samen in Topf mit Anzuchterde legen, 1 cm dick mit Substrat bedecken, an einen warmen Ort stellen.

Der Duft der Blüten und
Früchte von Zitruspflanzen
erfrischt und belebt.

Zitronen sollten immer
fortlaufend geerntet werden,
damit die jungen Früchte
nachreifen.

Darum föhne ich meinen Citrus

Mit dem Abwerfen der Knospen und wenigen Früchten reagiert auch der
Citrus auf unsachgemäße Behandlung. Bemüht er sich doch selbst an grauen
Tagen, mir das Leben durch seinen unnachahmlichen Blütenduft zu erhellen,
so wollen die Gaumen belebenden Früchte oft nicht gedeihen. Dann gibt es
nur eins: Ich greife zum Föhn. Sie haben richtig gelesen! Doch mache ich
damit meinem *Citrus* keine neuen Locken, nein, so bringe ich den Hübschen
zum Befruchten.
Den Föhn auf lauwarm und nicht auf Sturm gestellt, übernimmt er die Aufgaben der nicht vorhandenen Insekten gern. Getragen vom warmen Luftstrom
fliegt der Pollen federleicht von Blüte zu Blüte, bleibt auf der klebrigen Narbe
hängen – und erzeugt das, wozu wir ein innigeres Beisammensein benötigen:
Nachwuchs.

Was Moos so alles kann

Abmoosen ist eine weitere Möglichkeit, *Citrus*-Arten zu vermehren. Hierzu
schneiden Sie einen Ast mit einem scharfen Messer schräg ein. Achten Sie
darauf, dass ein Drittel des Astdurchmessers stehen bleibt. Sodann klem-
men Sie einen unverrottbaren Gegenstand (etwa ein Plastikstück) in den
Spalt, sodass dieser offen gehalten wird. Um diesen Spalt herum wickeln Sie

Sphagnum-Moos (im Fachhandel erhältlich) und binden ihn mit Schnur oder einem Stück Draht fest. Das Moos halten Sie stets leicht feucht. Nach einigen Wochen oder Monaten bilden sich am Spalt Wurzeln. Sobald es genügend sind, trennen Sie das restliche Drittel des Astes durch und pflanzen die abgemooste Pflanze in lockeres Substrat.

Aber auch eine andere Methode ist jetzt möglich: die vegetative Vermehrung durch Kopfstecklinge. Ich schneide dafür immer ein ausgereiftes, jedoch noch nicht verholztes Triebende mit einem scharfen Messer ab. Um die Verdunstung herabzusetzen, entferne ich Blüten, Knospen und ein Teil der Blätter, den Rest der Blätter schneide ich in der Mitte durch. Nun brauche ich kleine Töpfe oder Torfpresstöpfe sowie Pflanzerde. Da diese nährstoffarm und durchlässig sein soll, mische ich sie mit Sand.

Die Stecklinge werden in die Erde gesteckt, angegossen und hell und warm aufgestellt. Über die Töpfe befestigen Sie am besten eine Folie als Verdunstungsschutz, ganz schnell würden die Kleinen sonst verdursten. Nach etwa drei bis vier Wochen bilden sich Wurzeln. Nun sollten Sie auf Ihr Bauchgefühl achten und je nach Bewurzelungsstärke in den Endtopf umtopfen.

Nun haben wir Zitruskinder, die wie Ihre Eltern eine besondere Pflege brauchen, um nicht auf einmal nackig dazustehen. Das Wichtigste ist der Standort, denn Zitruspflanzen sind Sonnenkinder. Wunderbar im Sommer geeignet sind Balkone und Terrassen. Wenn Sie dort kein nettes Plätzchen haben, geht's auch an Fensterplätzen, aber in normal geheizten Zimmern nur in der ersten Reihe. Schauen Sie dort, dass die Pflänzchen im Winter keinen Sonnenbrand bekommen. Besonders an Südfenstern kann die Sonne hinter Glas sehr brennen. Dann, etwa wenn nach etlichen trüben Wintertagen die Sonne scheint, ziehen Sie einfach ein bisschen die Gardinen zu.

Nach dem Lichthunger kommt der richtige Hunger. Die richtig zusammengesetzte Mahlzeit lässt den *Citrus* stark und schön werden. Ein optimaler Zitrusdünger besitzt ungefähr genauso viel Stickstoff wie Kalium bei ein wenig reduziertem Phosphoranteil. Wer jedoch seine Zitruspflanzen für eine reiche Ernte puschen will, düngt die ersten zwei bis vier Wochen im Frühjahr ausschließlich mit einem Phosphor und Kali betonten Mehrnährstoffdünger. Schwächelt der *Citrus* trotz allem, so heißt es zaubern: Regelmäßiges (alle zwei Wochen) Einsprühen der Pflanze mit verdünntem Algensaft bringt sie wieder auf Trab. Den können Sie heute in jedem Gartencenter kaufen, gern versteckt er sich unter dem Oberbegriff Pflanzenstärkungsmittel.

EIGENER NACHWUCHS

Im Februar und März lassen sich die meisten Stecklinge gut selbst ziehen, zum Beispiel:
› alle *Ficus*-Arten
› Geigenbaum
› Fuchsien
› Geranien
› Fleißige Lieschen
› Oleander
› Gummibaum
› Buchsbaum
› *Citrus*

Frühzeitiges Stutzen des Mitteltriebs führt zu kompakten Pflanzen. Für einen Hochstamm müssen alle Seitentriebe entfernt werden, bis die Pflanze die richtige Höhe erreicht hat. Dann erst wird der Mitteltrieb gekappt und mit den neuen Seitentrieben eine Krone aufgebaut.

Kompott von Zitrusfrüchten mit Zitronengras: Dieses unglaubliche Rezept bringt Ihre Zunge zum Lachen. Entfernen Sie die äußeren Blätter von zwei oder drei Stück Zitronengras und schneiden Sie dessen Strünke ab. Dann schneiden Sie das Zitronengras in Stücke.
Kochen Sie den Saft von drei Orangen und zwei Limetten sowie einen Spritzer Zitronensaft auf, geben etwas Zucker dazu, lassen nochmals aufkochen und rühren zwei Teelöffel in Wasser angerührte Stärke ein. In diese Masse geben Sie filetierte Grapefruit-, Orangen- und Limettenscheiben sowie das Zitronengras. Auf Tellern anrichten und warm servieren.

So lustig schmeckt lecker …

... und macht Laune auf einen ausgedehnten Spaziergang mit meinem Hund. Auch das Wetter stimmt heute.

Mein Hunde

Hab ich frei, dann wandere ich mit Teddy durch meine Heimat.

So sind wir zwei wie Vagabunden unterwegs.

spaziergang

Teddy, unser kleiner lustiger Mischling, kam im Alter von fünf Jahren aus dem Tierheim zu uns. Die 12 kg Übergewicht verlor er rasch durch ausdauerndes Bällchen spielen in unserem Garten und beim Spazierengehen. Habe ich frei, dann wandere ich mit Teddy durch den wunderschönen Soonwald. Als leidenschaftliche Sammlerin habe ich immer eine Tasche dabei, in der ich meine gefundenen Schätze – knorrige Äste, besondere Rindenstücke, eine Flechte – gut nach Hause bringen kann.

Wiesensträuße sind Geschenke der Jahreszeiten, ganz umsonst, vergänglich und doch so üppig.

Frühling in der Blumenvase

Nun locken sie wieder, die bunten Frühlingsblumen. Bald folgen die blühenden Sommerboten. Blütensträuße bringen ein Stückchen Blumengarten, ein Eckchen Natur auf Tisch und Fensterbank, in Raum und Stube.

Schönheiten, die sich strecken

Die Tulpe ist für mich die wirklich unwiderstehlichste Schnittblume im Vorfrühling. Unglaublich ist ihre Vielfalt. Manche Tulpenfarben sind völlig klar, andere verwaschen und diffus. Begeistert von ihrem sinnlichen Temperament, sich mit langen Stielen biegsam dem Licht entgegen zu strecken, möchte ich Tulpen stets den richtigen Rahmen geben. Und der sieht so aus: Nachdem ich von den Stielen die untersten 2 cm abgeschnitten habe, stelle ich sie in eine kristallklare Vase, die ich zu einem Drittel mit Wasser gefüllt habe. Täglich fülle ich frisches klares Wasser ein, um den gerechten Durst der Tulpen zu stillen. Und der ist gewaltig!

Da Tulpen zu den wenigen Pflanzen mit Zellstreckungswachstum gehören, wachsen sie auch noch nach dem Schneiden, selbst wenn sie schon tagelang in der Vase stehen. Diejenigen von Ihnen, die sich die Natur gern züchtig untertan machen möchten, setzen einfach einen scharfen kleinen Schnitt direkt unter die Tulpenblüte – längs, nicht quer. Nun kann sich die Tulpe nicht mehr strecken. Doch muss das sein? Meiner Meinung nach nicht, denn Tulpen überraschen mich jeden Tag aufs Neue, wenn sie sich zu einem neuen Strauß gebogen haben.

Tulpen sind ein wenig oder vielleicht sogar sehr eitel. Sie wünschen keine anderen Zwiebelblumen in ihrer Vase und verachten die Nähe von Obst. Nichts, aber auch gar nichts soll von ihrer schlichten Schönheit ablenken. Lampen, Sonnenlicht oder gar der nahe Fernseher führen zu raschem schmollendem Vergehen. Deswegen stelle ich sie fast immer auf den Esstisch, so schmücken sie gleich mein lebendiges Bild eines den Frühling begrüßenden freundlichen Hauses.

Der Frühling hat noch mehr zu bieten

Ich gehe in den Garten und schneide mir Weidenzweige und Korkenzieherhasel, Hartriegel in den schönsten Rindentönen und Birken, welche schon einen kleinen Hauch von Frühlingsgrün erahnen lassen. Je nach Materialmenge, Frau denkt ja praktisch, entstehen gleich zwei kleine Kunstwerke.

Als Erstes binde ich einen Kranz für die Tür. Die Zweige werden miteinander verflochten, sodass ein lockerer Kranz entsteht. Schon allein das Holz sieht wunderbar warm und einladend aus. Doch ich möchte ja auch den Frühling zu mir locken. Darum setze ich auf ein Wunder der Natur, die Zwiebel. Sie

LANG HALTBARE SCHNITTBLUMEN

Schneiden Sie die Blumen frisch an und stellen Sie sie sofort in handwarmes Wasser. Verwenden Sie auf keinen Fall „sprudelndes" Wasser (beispielsweise erzeugt durch einen Siebeinsatz im Wasserhahn oder weil das Wasser zu schnell eingelaufen ist), denn dadurch verstopfen die Leitungsbahnen in den Blumen. Das Wasser sollte täglich völlig erneuert werden. Also bitte nicht nur nachfüllen, außer Sie haben Blumenfrischhaltemittel benutzt.

Ein lebendiger Frühlingskranz mit Mini-Narzissen, hier kann ich der Natur beim Wachsen zusehen.

Zu den besten Schnitt-Tulpen im Garten gehört 'Sunkist', eine spätblühende Darwin-Hybride.

kann ihre Kraftreserven auch ohne Erde mobilisieren und bringt so den Kranz zum Blühen. Ganz vorsichtig befestige ich, mit einem kleinen heißen Tropfen aus der Klebepistole, angetriebene Traubenhyazinthen an dem Kranz. Klasse ist eine Kombinationen aus *Muscari paradoxum* 'Bellevalia', *Muscari azureum*, *Muscari azureum* 'Album' und *Muscari armeniacum* 'Blue Pearl', die mich an das Gedicht „Frühling lässt sein blaues Band" von Eduard Mörike erinnern.

Frühling auf dem Tisch

Ein wenig schneller noch als der Türkranz und doch umso imposanter wächst meine Tischdekoration, ein Frühlingstraum. Ich flechte die angetriebenen Zweige zu einem lockeren Band. Die Zwischenräume lege ich mit weichem Moos aus, die Frühlingsboten sollen sich schließlich lange wohlfühlen auf meinem Tisch. Ins Moos bette ich alles, was Zwiebelchen hat, *Muscari*, Mini-Narzisse, Zwerg-Tulpe, Krokus. Stets in kleine Gruppen gelegt, plaudern sie munter miteinander zum fröhlichen Frühlingsempfang. Ist die eine oder andere verwelkt, lege ich einfach eine neue dazu, die verblühte hebe ich auf, bis sie ihren endgültigen Platz im Garten findet. Das Verblühen dauert lange, da ich die Zwiebelblümchen täglich ein wenig besprühe.
Ganz leicht und sehr sympathisch können Sie aus dieser Dekoration auch ein Ostergesteck machen: Ein paar nette Federn mit schön bemalten Eiern und eine festliche Schleife begleiten nun die Blumen zum Osterfest.

Zart blüht es allüberall ...

... denn nun haben die großen Komponisten der Natur ihren Auftritt. In den Monaten April, Mai und Juni bricht alles hervor, was der Garten so in sich trägt. Ich wandele durch eine Sinfonie der Farben und Formen. Welch Harmonie, zu der sich Vergissmeinnicht, Akelei, Tränendes Herz, Pfingstrose, Trollblume, Bärlauch, Maiglöckchen und Schachbrettblume gleich einem großen Orchester vereinen, in dem die lauten und leisen Töne zählen.

Jedes Mal, wenn ich in den Garten gehe, weht mir der Duft von Abertausend rosa Apfelblüten und Millionen abblühender Kirschblüten entgegen und kündet vom nahenden Sommer. Streift die Brise durch die Kirschen, wird die Welt in warmen Blütenschnee getaucht. Ich liebe diese Monate, die wohlig summenden Insekten, die ihre Kinderstube in dem aus einer alten Weinkiste, Holz, Schilf und Stroh selbst gebauten Insektenhotel verbringen. Sie befruchten alle Blüten, ob groß, ob klein, und machen uns die Früchte zum Geschenk.

Die Ahnung einer großen Ernte lächelt aus den Blüten der Obstbäume und -sträucher, doch wachsam gilt es zu sein. So wunderschön der Kirschenblütenschnee auch ist, so sollte der Blick auch dem Baume gelten: Monilia ist nun zu entdecken und mit scharfem Schnitt müssen alle braunen kranken Triebe bis ins Gesunde entfernt werden. Auch wenn bei der Arbeit geistige Getränke nicht erlaubt sind, gönnen wir der scharfen Schere immer wieder einen Schluck von Hochprozentigem und verhindern so das Weitertragen von Infektionen. Erntereifes gibt es auch schon, die ersten Kräuter, Erdbeeren, Spargel und Salate.

Ab ins warme Bett – oder war es ein warmes Beet?

Etwas streng duftende Erinnerungen an meine Kindheit ließen mich schon vor vielen Jahren eine wundersame Gartenkultur wieder aufleben: die ganz Kleinen gehören ins warme Bett – oder ins Beet?

Natürlich ins Beet!

GENERALPROBE

Bei älterem Saatgut sollten Sie vor der Aussaat eine Keimprobe auf feuchtem Fließ- oder Küchenpapier machen. Faustregel: Wenn weniger als 80 Prozent der Samen aufgehen, müssen Sie dichter säen oder neues Saatgut besorgen.

Genauer gesagt ins Mistbeet, das eigentlich ein mit einer Mistpackung geheiztes Frühbeet ist. Dort säe ich schon zeitig im Jahr Frühsalat und -kohl, Gartenkresse und Kerbel, Kohlrabi, Kopfsalat, Radieschen und Rettich aus. Später Chili, Gurken, Melonen, Paprika, Peperoni, Tomaten, Zucchini, Zuckermais und Sommerblumen in Töpfen. Ein paar von ihnen werden ihre Kinderstube nie verlassen, sondern im warmen Beet ihren Aufgaben nachkommen.

Zuerst wird gebaut ...

Heben Sie den Boden in der Größe des Frühbeets etwa 40 cm tief aus und bauen Sie eine feste, mindestens 3 cm starke Seitenumrandung aus Brettern. Dabei hat sich ein nach Süden geneigtes Gefälle bewährt: Die niedrige Seite des Kastens sollte 25 cm, die hohe 40 cm messen, obendrauf kommen Fenster als Abdeckung. Durch die Neigung kann die Sonnenkraft voll ausgenutzt werden. Sie können auch einen Doppelkasten bauen, bei dem die Fenster zu beiden Seiten geneigt sind. Diesen platzieren Sie am besten in Nord-Süd-Richtung.

SCHRITT FÜR SCHRITT

Ziehen Sie mit etwas Abstand kleine Rillen in die Saatkiste mit Aussaaterde.

Die Samen werden im angegebenen Abstand ausgesät und leicht festgedrückt.

Übersieben Sie das Saatgut mit Erde und gießen Sie danach an.

In frostigen Nächten
brauchen Jungpflanzen
einen guten Schutz.

... dann mit Mist aufgefüllt

Anfang bis Mitte März beginnt der lebendige und spaßige Teil des warmen
Frühbeets: Sie bepacken es mit frischem Mist. Bei dem hört es auf mit der
Beliebigkeit, denn auf den richtigen Mist kommt es an. Von alters her ist
bekannt (keine Sorge, ich wusste das anfangs auch nicht), dass es heißen und
kalten Mist gibt. Rinder- und Schweinemist gehören zu den kalten, Pferde-,
Esel- und Schafsmist zu den heißen Mistarten. Für unseren Kasten nehmen
wir am besten frischen Pferdemist (fragen Sie beim nächsten Pferde- oder
Reiterhof nach), er duftet sehr intensiv und bringt bei der Verrottung viel
Wärme. Geben Sie ihn mit einer Mistgabel ganz locker bis zur hohen Kante
des Frühbeets und treten ihn dann ganz fest. Herrlich im Pferdemist mit
meinen lila Gummistiefeln zu staksen. Danach gießen Sie den Mist ordentlich
mit Wasser, denn die Bakterien lieben es feucht. Damit das Ganze nicht nur
ein völlig neues archaisches Lebensgefühl bei Ihnen weckt, sondern auch eine
geeignete Lebenswelt für Pflanzen schafft, bedecken Sie den Mist mit einer
etwa 8 cm dicken Schicht guter Gartenerde.

Solch starke Jungpflanzen
sind eine Garantie für ein
gelungenes Gartenjahr.

Haben Sie keinen Pferdemist zur Hand, können Sie auch eine Mischung aus
Stroh und unreifem, also noch nicht ganz verrottetem Kompost einfüllen.
Nässen Sie auch hier mit Wasser oder Brennnesseljauche, streuen dann eine
Schicht reifen Kompost darüber und treten das Ganze fest. Nun noch etwas
Laub und Erde daraufgeben – fertig ist die Alternative (aber ganz ehrlich, mit
Pferdemist macht es mehr Spaß). So, nun können die Fenster drauf – und
dann ab unter die Dusche!
Das warme Beet ruht nun für etwa fünf Tage. Während dieser Zeit setzt eine
intensive Verrottung ein, bei der viel Ammoniak frei wird – gefährlich für alles
junge Gemüse. Um nichts Grünes in Gefahr zu bringen, lüften Sie das Beet
nach fünf Tagen gründlich und können dann mit der Aussaat oder Bepflanzung beginnen.

*Im Mistbeet
lassen sich hervorragend
Gemüsepflänzchen
vorziehen ...*

Gemüselust für Gesundheit und gute Laune

In meinem Garten halte ich immer einen Platz frei für Vitamine pur. Ob im Hochbeet oder im kleinen Bauerngarten, im Küchengarten oder auf dem Balkon: Schnell gehe ich dann nach draußen und ernte eine Handvoll Gesundheit.

Kulturmisch in Mischkultur

Im Garten gelingt der Anbau von Frischekick spendendem Gemüse am besten in Mischkultur. Nach klösterlicher Vorschrift praktiziert, hat dies fast etwas von einer Denksportaufgabe, denn ich muss einen Plan malen, wann was wo getan werden muss. Die ersten Jahre klappte das bei mir perfekt, doch dann ließen andere Aufgaben mich ein wenig nachlässig werden im kapriziösen Rumkulturen. Und so entwickelte sich dann, der mangelnden Disziplinierung wegen, ein Ort der zwischenlebewesentlichen Begegnung. Mittlerweile schaffe ich im Dialog und ohne große Planung zu vereinen, was sich liebt. Bei mir sieht das so aus: Auberginen versprechen der Paprika viel Süßes, sodass sie errötet und dem Blumenkohl aus der Nachbarschaft zuflüstert, dass er sich doch mal einen Vollmondabend mit der Kartoffel gönnen sollte, da diese so traurig ist, dass die Erbsen ihr von tiefstem Herzen abgeneigt sind. Die Erbse fühlt sich geborgen und geschützt in der Nähe von Fenchel und Dill, hin und her schwankend, wem sie sich zuwenden darf. So versuche ich das Wesen der Pflanzen zu erspüren, ihre Vorlieben und Abneigungen. Doch dennoch achte ich auf eine strikte Fruchtfolge, denn sonst macht der Boden schlapp und die mageren Ernten sind des Säens nicht wert.

SCHRITT FÜR SCHRITT

Jungpflanzen, wie dieser Salat, lassen sich sehr gut selbst aus Samen ziehen.

Die Pflänzchen vereinzeln und nur die Stärksten ins Beet oder größere Töpfe setzen.

Beim Pflanzen die Erde gut andrücken, damit die Wurzeln Bodenschluss bekommen.

Wenn Sie keinen Garten haben, können Sie Gemüse, wie diese Erbsen, auch auf unkonventionelle Weise in einem Sack ziehen.

STARKZEHRER SIND:

› Gurke
› Kartoffel
› Kohl-Arten (Rot- und Weiß-kohl, Wirsing, Blumen-, Rosen- und Chinakohl)
› Kürbis
› Lauch
› Rhabarber
› Sellerie
› Tomate
› Zucchini

MITTELZEHRER SIND:

› Fenchel
› Knoblauch
› Kohlrabi
› Melone
› Möhre
› Paprika
› Radieschen
› Rote Bete
› Salat-Arten
› Schwarzwurzel
› Spinat
› Zwiebel

SCHWACHZEHRER SIND:

› Kräuter
› Leguminosen (Bohnen, Erbsen)

Zauberwort Fruchtfolge

Fruchtfolge meint die zeitliche Reihenfolge, in der Pflanzen nacheinander auf einem Beet angebaut werden. Am günstigsten ist ein Sechs-Jahres-Rhythmus. Ich halte in meinem Garten aber einen Vier-Jahres-Rhythmus, der geht auch – und zwar so:

1. Jahr: Gründüngung und Kompost
2. Jahr: starkzehrende Pflanzen
3. Jahr: mittelzehrende Pflanzen
4. Jahr: schwachzehrende Pflanzen.

Hier schließt sich der Kreis und ich beginne von vorn, sodass im fünften Jahr wieder Gründüngung und Kompost aufs Beet kommen.

Eimerweise Kartoffeln

Schön in der Blüte und noch schöner auf dem Tisch, die Kartoffel brauchte lang für ihre Revolution. So waren vor vielen hundert Jahren die Altgläubigen der Kartoffel nicht so wohlgesonnen …

MEINE LIEBLINGS-KARTOFFELN FÜR BALKON UND TERRASSE

› 'Blauer Schwede': mittelfrüh; blaufleischig, mehlig bis festkochend
› 'Vitelotte': mittelfrüh, blau-violettes Fleisch, weiß marmoriert, mehlig kochend, aber schnittfest
› 'Bamberger Hörnchen': mittelfrüh, länglich, gelbfleischig, festkochend
› 'Highland Burgundy Red': mittelspät, Fleisch rot mit weißem Ring außen, mehlig kochend
› 'La Ratte': mittelspät, gelbschalig, fingerförmige Knollen, festkochend, Salatkartoffel

Sie sei „die verbotene Frucht, welche die beiden ersten Menschen aßen", hieß es um 1700 bei den Altgläubigen der russisch-orthodoxen Kirche und „jeder, der Kartoffeln isst, ist Gott nicht gehorsam, verstößt gegen die Heilige Schrift und komme niemals in das königliche Himmelreich." Zum Glück ist dies schon lange her. Heute stehen Kartoffeln ganz oben in der Gunst der Genießer, als Salz- oder Pellkartoffeln, als Salat, Gratin, Quiche, Auflauf, Brei, Pommes oder gebraten. Für eigene Kartoffeln müssen Sie nicht Ihren Rasen umpflügen, sondern nehmen stattdessen eine dieser, oh so unattraktiven Speisbütten (Mörtelkübel). Sie erwärmt sich schnell bei Sonneneinstrahlung, auch wenn ich sie – der besseren Optik wegen – wie ein echter Kartoffel-Christo in einen alten, kunterbunten Duschvorhang einwickele.

Wenn Sie Kartoffeln im März / April setzen, können Sie sie im Juli / August ernten. Egal, wo Sie Ihre Kartoffeln beheimaten, sie dürfen keine nassen Füße bekommen. Ich bette die erste Kartoffel in eine kuschelige etwa 15 – 20 cm dicke Schicht aus einem Erde-Kompost-Sand-Gemisch, drücke sie ein wenig ein und platziere dann im Abstand von je 5 cm weitere acht der schon angekeimten Knollen. Zum Ankeimen hatte ich die besten, kugelrund gesunden Knollen übrigens vor zwei Wochen an einen hellen Ort bei 12 – 15 °C gelegt.

Sobald die Kartoffeln ihre kleinen Sprossspitzchen aus der Erde schieben, werden sie wieder mit gerade so viel Erde abgedeckt, dass nichts mehr herausschaut. Kein noch so naseweises Grün darf herauslunzen. Das Zudecken der grünen Sprossspitzen wiederhole ich, bis der Gefäßrand erreicht ist. Glauben Sie mir, diese kleine Schikane des schichtweisen Auffüllens der Erde hat den Effekt, dass die Knolle viele Knollen macht. Sie werden staunen, dass aus jeder Setzkartoffel fünf neue Kartoffeln werden.

Chantillykartoffeln

· 01 ·

Die Kartoffeln in eine Auflaufform schichten.

· 02 ·

Die steifgeschlagene Schlagsahne mit dem geriebenen Käse leicht vermengen, mit Salz und Pfeffer abschmecken. Nun die mithilfe einer Gabel zerdrückte Knoblauchzehe untermischen und alles über die Kartoffeln geben.

· 03 ·

Im Backofen bei 180 °C backen bis der Käse zerflossen und leicht goldbraun ist. Vor dem Servieren den fein geschnittenen Koriander darüberstreuen.

Das Rezept reicht für 3–4 Personen.

ZUTATEN:

3 Tassen rohe, geriebene Kartoffeln
1 Tasse Schlagsahne
1 Tasse geriebener Käse, je nach Geschmack
Pfeffer und Salz
½ Knoblauchzehe
frische Petersilie aus dem Garten

Erdbeeren, ein absolutes Muss

Wohl geschützt vor Fäulnis senken sich die ersten reifen Erdbeeren seufzend ins frisch gemachte Strohbett und duften himmlisch nach mehr, nach viel mehr. Sie sind die ersten Beeren im Jahr, bald folgen weitere köstliche ...

Mein Erdbeerbeet

Wenn ich Erdbeeren nasche, markiere ich die besten aller Mütter-Erdbeeren mit einem Stab, um von diesen Pflänzchen Ableger zu ziehen – in der schönsten Erdbeerpflanzzeit zwischen Mitte Juli und Mitte August. Bedenken Sie auch, je früher gepflanzt wird, desto besser die Bewurzelung und damit die Belohnung im nächsten Jahr.

In meinem Erdbeerbeet wächst immer eine Mischung aus zugekauften Pflanzen und selbst gewonnenen Ablegern. Die Pflanzabstände im Erdbeerbeet betragen, wenn Sie keine Erdbeerwiese wünschen, 60–80 cm und in der Reihe 30–35 cm. Das ergibt einen Bedarf von etwa 30 Pflanzen für 10 m². Eine alte Bauernregel zum Erdbeerenpflanzen hat mir einst meine Nachbarin ans Herz gelegt, die seitdem für mich gleich einem Rezept Anwendung findet: Die Herzknospe der Erdbeere muss den Himmel sehen, deshalb darf sie nur zu einem Drittel mit Erde bedeckt sein.

Doch wer Gutes ernten möchte, sollte auch Gutes geben, am besten organisch: 3 Liter Kompost pro m² reichen völlig im zeitigen Frühjahr aus. Nach der Blüte schaffe ich den kleinen Beeren ein weiches Bett aus Stroh. Hier können sie wohlbehütet reifen.

Endlich erntereif

Wer sich nach all der getanen Arbeit still zwischen die Erdbeerreihen setzt, hört vielerlei. Auch dass, oh welch Erstaunen, die Petersilie eine angemessene Partnerin für die sinnlichsten aller Früchte ist. Dann kommt die Erntezeit, sehnlichst erwartet. Nichts kann mich morgens so schnell aus dem Bett treiben wie die Erwartung auf kleine rote Geschmacksexplosionen – und das ist auch gut so. Die beste Pflückzeit sind die Morgenstunden, wenn der Tau weitgehend abgetrocknet ist. Regenwetter hingegen ist ganz schlecht.

Ich pflücke nur vollreife Erdbeeren. Ohne Druck knipse ich den Fruchtstiel ab, nehme dazu die Erdbeere sanft zwischen Zeigefinger und Daumen der anderen Hand und lege sie in ein kleines Gefäß. Geben Sie nicht mehr als 2 kg Früchte in eine Schale. Nur ausnahmsweise für eine eintägige Lagerung ernte ich auch mal Früchte mit hellroter Färbung an der sonnenabgewandten Seite und mit wenig Grün an der Spitze. Die Kelchblätter, die die Erdbeeren umhüllen, bleiben erhalten und schützen die köstlichen Früchte ein wenig vor dem schnellen Verfall.

EINE ERDBEERWIESE ...

... ist himmlisch als Bodendecker im Garten. Im Halbschatten und unter Bäumen gedeiht mit dem Aroma der Wald-Erdbeere die bodendeckende Sorte 'Dr. Bauer's Erdbeerwiese Florika'. Sie ist eindeutig einen Versuch wert!

Werden Hänge-Erdbeeren in Ampeln kultiviert, wachsen einem die Früchte gleich in den Mund – wie im Paradies.

Ich lasse meine Erdbeeren klettern

Weil ich kein Erdbeerfeld für große Ernten in meinem Garten habe, sind Kletter-Erdbeeren für mich die ultimative Lösung. Diese Sorten bilden bis zu 40 cm lange Ranken mit Blüten und Früchten. Im August setze ich zwei bis drei Pflanzen in einen etwas üppigeren Kübel und lasse sie an spiralig geschwungenen Bohnenstangen hochklettern.

Was klettern kann, kann auch hängen. Also, schwupp di wupp, noch zwei bis drei Pflanzen in die Hängeampel gepflanzt, Liegestuhl darunter gestellt und schon wachsen mir die Früchte paradiesgleich in den Mund. Erntezeit ist von Juni bis Anfang Oktober.

Mein Tipp: Die Kletter-Erdbeere 'Hummi' ist nicht zu bremsen. Wie ein Lausbub klettert sie dank starker Rankenbildung bis zu 1,5 m hoch.

Gutes für mich: Ich mische süße Erdbeeren mit Sahnequark und gebe keinen Zucker zu. Wie lecker. Ich esse aber nicht alles auf, sondern lasse drei Esslöffel übrig für eine klasse Schönheitspackung. Dazu streiche ich den ungesüßten Erdbeerquark auf Gesicht und Dekolleté, lasse ihn 20 Minuten wirken und rubbel ihn dann ab. Die kleinen Samen der Erdbeer-Sammelfrucht haben eine super peelende Wirkung. Glauben Sie mir, Sie sehen danach zum Vernaschen gut aus ...

Mit den Händen im warmen Boden arbeiten, fühlt sich so gut an, auch wenn ich manchmal einen Erdbewohner finde.

Rechts: Alles, was im Garten anfällt, bringe ich als Mulch auf die Beete.

Frischekick für den Boden

Wenn die ersten Frühlingblumen summende wollige Hummeln nähren, wird es Zeit, die Krume, die sich nun regt und bewegt, auch zu nähren. Denn noch ist der wintermüde Boden von den großen Ernten des letzten Jahres ein wenig ausgezehrt.

Gärtners Gold

Kompost, der aus den Geschenken des Herbsts geboren wird, ist die beste Nahrung unserer Pflanzen. Alle Pflanzenreste, die im Laufe eines Jahres in Garten und Haushalt anfallen, werden kompostiert. Sie verbleiben also dank des geschlossenen Nährstoffkreislaufes im Garten und stehen den Pflanzen als Dünger wieder zur Verfügung. So funktioniert Ökologie auf natürliche – und günstige – Weise! Wenn ich mir vorstelle, dass in einer Handvoll Kompost mehr Organismen leben als es Menschen auf der Erde gibt (also mehr als sieben Milliarden!), bekomme ich immer Lust mit ihm zu plaudern.

Und so legen Sie einen Kompostplatz an: Ein schlichtes Holzgerüst wird auf den gewachsenen Boden gestellt, damit das, was unten lebt, auch nach oben kommen kann. Zuerst fülle ich grobes Material ein wie das Schnittgut von meinen Obstbäumen und den Sträuchern, dann werden verschiedene Pflanzenreste mit Küchenabfällen gemischt und peu à peu aufgeschichtet. Auf jede Lage verteile ich zwei Handvoll reifen Kompost oder Gartenerde – so wird der Kompost mit Milliarden von kleinen Helfern, den Mikroorganismen, geimpft, die sich dann voller Freude an die Arbeit machen! Da die Jungs gerne mal einen trinken, den Kompost immer gut feucht halten. So entsteht – ganz ohne mein Zutun – dunkelbrauner, erdig duftender Kompost, der alle für die

Am besten man zerkleinert schon mit der Hand ein wenig vor, dann setzt sich alles schneller um.

Pflanze lebenswichtigen Nährstoffe enthält. Aber wie bei allem, beim Mensch ebenso wie bei den Pflanzen, gilt es Maß zu halten. Zu viel Kompost auf den Beeten führt zu sehr üppigem Wachstum. Und Üppigkeit kann unwiderstehlich verlockend sein, oft aber nicht für die richtigen Adressaten: In üppige Zellen dringen viel leichter Pilze und die gierigen Saugorgane der Blattläuse ein. Schmalere Kost hat auf dem Laufsteg der Natur die besseren Chancen. Darum gebe ich höchstens 3 Liter Kompost auf 1 m² Gemüse- und Staudenbeet. Meine Obstbäume bekommen ein wenig mehr, denn sie möchten ja in den Himmel wachsen, also 3 – 5 Liter Kompost pro m² Baumscheibe. Nun setzen die winzigen Lebewesen den Kompost in die Nährstoffe Stickstoff (N), Phosphor (P), Kalium (K) und Magnesium (Mg) um. Das passiert ganz umsonst und kostenlos. Und für das Geld, das ich für Dünger spare, kaufe ich mir ein neues Gartenbuch.

Ein Deckchen für den Boden

Damit ich genügend Zeit zum Schreiben neuer Gartenbücher habe, darf mein Garten kein Zeiträuber sein. Darum habe ich der Natur ein wenig auf die Finger geschaut und begriffen, dass offene Flächen zu gerne übernommen werden von Beikräutern, welche ich nicht eingeladen habe. Bei mir haben sie ihre Invasion unter den Bäumen aufgegeben, als ich die Baumscheibe mit dickem Karton und wegen der Optik noch mit Rindenmulch abgedeckt habe. Nach einem Jahr war der Karton verrottet und man staune nicht schlecht, das Unkraut war weg – es war an Lichtmangel eingegangen.

SAMENBOMBEN ALS LEBENSKUGELN

Formen Sie kleine Kügelchen aus mit etwas Wasser vermischter tonhaltiger Erde, Kompost und vielen Samen von Sommerblühern wie Kornblumen, Ringelblumen, Tagetes, Sonnenhut, Malven und vielen mehr. Lassen Sie die Kugeln ein bis zwei Tage an der Luft oder im Backofen bei niedrigen Temperaturen antrocknen – und „bombardieren" Sie dann damit Ihren Garten. Vielleicht auch den von Freunden – aber nur wenn Sie sicher sind, dass sich diese über die blühende Überraschung in ein paar Wochen freuen werden.

Gutes für meinen Garten: Wohin bloß mit den gewaltigen Mengen an Rasenschnitt? Grandios, wer sie sinnvoll zu nutzen weiß. Hier die Idee: frischen Rasenschnitt aus dem Auffangkorb entnehmen, antrocknen lassen und mit zarter Hand in kleinen Tuffs oder dünn ausgestreut ab in die Rabatte. Die Mulchschicht hält den Boden schön feucht und füttert alle Mikroorganismen.

Damit es im gut vorbereiteten Boden auch wirklich sprießt und gedeiht, muss lebendiges Nass her.

Wasser: kühl, frisch und spritzig

Sommer steht für Fruchtbarkeit, Reichtum und Überfluss – und so ist jetzt das Füllhorn des Lebens üppigst mit Blumen und Früchten gefüllt. Wirklicher Überfluss wird uns jedoch nur durch Wasser geschenkt.

Regen bringt Segen

Das größte Geschenk macht uns der Regen, welcher in manchem Jahr kostbar ist. Denn nach trockenen Frühlingen dürsten die Bäume, Sträucher und Blumen nach Feuchtigkeit. Achtsamkeit ist also angebracht beim existentiellsten Gut der Erde. Mich leitet das Wissen, dass alles endlich ist. Und so widerstrebt es mir, den Durst der Pflanzen, die meiner ganzen Fürsorge sicher sind, mit aufwendig aufbereitetem Trinkwasser zu löschen. Wenn ich den Blumen aufmerksam ins lebendige Gesicht schaue, hilft das schon, viel kostbares Wasser zu sparen: Kecke grüne starke Blätter und aufrecht stehende strahlende Blüten sind wassersatt, während graue Schlappheit von arger Bedrängnis jammert. Sind Pflanzen nicht auch ein wenig wie unsere Kinder und wir laufen aufgrund unserer emotionalen Verbundenheit Gefahr, sie zu verwöhnen? Durchdringendes Wässern in großen Abständen regt auch die sensibelste Schönheit in unserem Garten an, sich in tiefe Regionen zu verwurzeln und ein elementares Netz aus feinen Haarwurzeln zu bilden.

Bewässern steht an

Wenn viele Beete und Gehölze nach Wasser schreien, wird gießen zur Anstrengung. Durstige Pflanzen machen aus dem Sommergarten auch eine tägliche Verpflichtung, der ich manchmal zeitlich nicht nachkommen kann. Und trotz gutem Kalorienverbrauch möchte ich kein Wasserträger im Akkord sein. Darum habe ich mich verführen lassen von neuen automatisch gesteuerten Bewässerungen. So arbeiten beispielsweise Tropfbewässerungssysteme seit vielen Jahren mit bestem Erfolg in meinem Garten und senken den Verbrauch der wertvollen Ressource Trinkwasser um 30 bis 50 Prozent. Sie sehen: Ein professionell angelegter Garten macht in dieser Hinsicht wenig Arbeit und sorgt für puren Gartengenuss. Trotzdem hoffe ich stets auf Regen, den ich so erfrischend warm und unglaublich sinnlich auf meiner Haut genieße. Sommerregen, das ist barfuß durch Pfützen laufen und mich berieseln lassen – und nebenbei füllen sich die Regentonnen mit dem kostbaren Nass.

Und das ist gut so, denn Trinkwasser ist kostbar und viel zu schade zum Verschwenden. Daher sollten Sie niemals auf die gute alte Regentonne verzichten, denn vom Dach plätschert der Regen lustig hinein und wartet geduldig, bis er in Kübel und Balkonkästen gebraucht wird. Ab und zu springt auch noch eine extra Kanne für die Schönen des Gartens heraus.

WASSER SAMMELN IST EFFEKTIV – EIN RECHENBEISPIEL

› jährliche Niederschlagsmenge im langjährigen Mittel: 643 mm
› davon fallen von April bis September 338 mm
› jeder m² Dachfläche liefert Ihnen in 6 Monaten rund 300 l kostenloses Gießwasser
› ein Gartenhaus mit 10 m² Dachfläche bringt 3000 l in 6 Monaten
› bei einer Dachfläche von 100 m² sind es schon 30 000 l und mehr
› 1 mm Niederschlag = 1 l gesammeltes Regenwasser pro m²

Links:
Nutzen Sie alle Möglichkeiten,
Wasser zu sammeln. Auch alte
Fässer sind dafür gut geeignet.

Wasser in allen Formen
fasziniert uns Menschen
immer wieder.

Weil ich ein Faible fürs Wassersammeln habe, schaue ich auch, was es so
Neues auf dem Markt gibt. Es muss ja nicht immer die grüne „Oh-ich-bin-eine-
Regentonne" sein. Luxuriös können Sie das Regenwasser in einer form-
schönen Amphore aus Terrakotta, sogar in schlanker Ausführung erhältlich,
auffangen – 500 Liter reichen aus für die mediterrane Terrasse.
In das Regenwasserfallrohr bauen Sie ein spezielles Abzweigventil ein, das
Sie im Handel bekommen. Und schon läuft das Wasser in das bereitgestellte
Gefäß. Aufgepasst, nicht überlaufen lassen, sonst gibt's Matsch rund um die
Tonne. Am besten packen Sie beim Einkauf gleich ein Überlaufsystem ein.
Damit die Tonne nicht zum Aufzuchtbecken vieler kleiner Quälgeister wird,
hilft nur eins: Deckel drauf und Ruhe ist im Wasser (das gilt übrigens auch für
Algen). Oft werden Mittel gegen Mücken eingesetzt. Hmm, ich weiß nicht, ob
wir das tun sollten, denn es ist zu bedenken, dass die meisten Mittel auch bei
anderen zweiflügeligen Freunden eine Wirkung zeigen. Das heißt wir werden
nicht nur die Plage los, sondern auch viele andere Mückenarten, die uns überhaupt nicht stören, aber wichtige Nahrung für Wasservögel, Fledermäuse und
Fische sind. Da nehme ich lieber den einen oder anderen Stich in Kauf.

Gutes für mich und meinen Garten: Alte Regentonnen sind oft nicht
schön anzusehen. Ihre auch? Dann verstecken Sie sie doch einfach, zum
Beispiel indem Sie einen hübschen Duschvorhang um die Tonne binden. Er
darf ruhig alt sein. Oder Sie flechten aus Haselnuss- und Weidenruten einen
Sichtschutz: Regentonne abmessen, Haselnussruten als senkrechte Trage-
hölzer schneiden und um die Tonne herum in den Boden stecken. Nun die
Weidenruten, Clematisranken und was immer Ihnen gefällt, einweben. Kinder
helfen dabei sehr gern!

Die erste Pflanzen

botschafterin

... in Deutschland, vielleicht sogar auf der ganzen Erde zu sein, das ist schon eine sehr große Ehre. Warum ausgerechnet mir diese Ehre zuteilwurde, ganz ehrlich, weiß ich nicht so genau. Vielleicht weil ich mit allen Pflanzen eine Art Freundschaft pflege. Vielleicht bin ich auch Pflanzenbotschafterin geworden, weil ich die Menschen für mehr Pflanzenvielfalt in Deutschlands Gärten begeistere. Denn Garten und Glück gehören für mich zusammen: Ich will die Welt ein wenig bunter und schöner machen in Aktionen mit Kindern, in Schulgärten und grünen Städten.

Im Garten lernt man viele Zusammenhänge des Lebens zu verstehen.

Meine Freundin, die Pflanzenbotschafterin Fürstin Gabriela zu Sayn Wittgenstein-Sayn,

.... lebt ihre Liebe zur Natur mit ihrem Schmetterlingshaus.

Iris und Freesie tanzen den Sommernachtstraum

Zauberhaft waren sie, die Tulpen und Narzissen, die den Garten besiedelten. Aber nun habe ich allen die Köpfchen abgerissen – nicht weil sie sich schlecht benommen haben, sondern um die Samenbildung zu verhindern.

Zwiebeln, die im Sommer blühen

FARBIGE SOMMER-ZWIEBELBEETE

(Mengen jeweils für 1 m² Beetfläche)

Rosa:
› 1 Schmuck-Dahlie 'Rosella'
› 1 *Phlox maculata* 'Natascha'
› 1 Taglilie, *Hemerocallis* '42th Street'
› 14 Tigerblumen, *Tigridia*, in Rosa
› 1 Pfingstrose, *Paeonia* 'Sarah Bernhardt'
› 14 Gladiolen, *Gladiolus grandiflora* 'Tout a Toi'

fast Schwarz:
› 1 Kaktus-Dahlie 'Nuit d´Ete'
› 14 Gladiolen, *Gladiolus grandiflora* 'Buccaco'
› 3 Lilien, *Lilium asiatic* 'Landini'
› 2 Schwarze Schmuckkörbchen, *Cosmos atrosanguineum*
› 2 Blumenrohr, *Canna* 'Tropicanna Black'
› 1 Akelei, *Aquilegia* 'Barlow Black'

Direkt neben die ablebenden Frühlingsblümchen, die ja noch lange ihr welkendes Laub brauchen, pflanze ich zur Verschönerung riesige Pulks von Zwiebeln und Knollen in die Beete: Freesien, Lilien, Ranunkeln, Schopflilien und Sommerhyazinthen.

Gladiolen bekommen ganz besonders viel Aufmerksamkeit, da sie sonst wie steife Latten ohne Einbindung in die Gartengestaltung wirken. Sie wachsen, blühen und verblühen nämlich ohne Rücksicht auf Verluste und brauchen eine Stütze, um nicht vorfristig in den Tod zu stürzen. Ich pflanze sie alle 14 Tage im Abstand von etwa 20–25 cm nach. Wenn Sie aber Lust auf größere Gladiolengruppen haben, um eine flächige Farbwirkung zu erzielen, können Sie den Pflanzabstand zwischen den einzelnen Gladiolen auf bis zu 10 cm reduzieren.

Buntes für den Garten ...

Andere Schönheiten aus fernen Ländern, wie etwa Begonien oder Dahlien, dürfen noch nicht in den Garten; sie sind ein wenig fröstelig und werden erst nach den Eisheiligen ausgepflanzt. Aber da wir leidenschaftliche Gärtner ja ein wenig zu Ungeduld neigen, können wir der Natur ein kleines Zeitfenster stehlen und diese Knollen im Haus vortreiben. Das ist ganz einfach: An einem luftigen, hellen Platz bei ungefähr 15 °C und regelmäßigen Wassergaben treiben die Sommergrazien recht schnell. So haben sie bis zu den Eisheiligen einen kostbaren Vorsprung und ich kann dann schon richtig große Pflanzen in den Garten oder auf den Balkon setzen.

In vielen Bereichen des Lebens ist es gar nicht schlimm, älter zu werden. Im Gegenteil: Im Lauf der Jahre lernt man dazu. So waren etwa Begonien in den Anfängen meiner Gärtnerlaufbahn spießig, ja altbacken. Heute weiß ich: Sie leuchten alle halbschattigen Plätze mit sonnigen, üppigen Blüten aus. Und das überall, denn Begonien sind die knallbunten Blühwunder auf Terrasse und Balkon und ebenso im Beet. Hohe Ansprüche stellt sie nur an sich selbst, der überaus fleißige Sommerblüher ist wirklich pflegeleicht und anspruchslos. Nur eines braucht er, um unermüdlich Freude zu machen: viel Wasser und ausreichend Nährstoffe. Dabei sollte man nur die Wurzeln feucht halten, nicht die Blätter. Duschen tut sie nicht gerne, davon bekommt sie hässliche Flecken. Mein Tipp: Pflanzen Sie die Edel-Begonie 'Apfelblüte' ins Staudenbeet.

... und den Balkon

Für den Kübel sollten Sie klein bleibende Sorten von Dahlien und Gladiolen wählen. Oder lassen Sie sich doch einmal von der *Canna*, auch Blumenrohr genannt, überraschen – ich liebe sie. Je nach Sorte wird sie 30 – 200 cm hoch und blüht von Juni bis August in Weiß, Gelb, Orange, Lachsrosa oder tiefem Rot. Interessant sind auch die zweifarbigen Sorten. Die Blätter sind rotbraun oder sattgrün. Auch *Cannas* können Sie sehr gut vorziehen. Und sollten Sie einmal besondere Exemplare als Strauß geschenkt bekommen, ist die Kinderstube auch kein Problem, denn man kann sie aus Samen ziehen. Da der Samen sehr hart ist, feilt man ihn zart, gleich einer guten Maniküre, an der glatten Seite an. Stopp, wenn der Keimling zu sehen ist. Nun den Samen mit der angefeilten Seite etwa 2 cm tief in einfache Blumenerde stecken. Zum Angießen nehme ich immer handwarmes Wasser. Am schnellsten klappt es mit der Kinderstube im Minigewächshaus, welches hell, aber ohne direkte Sonne stehen sollte.

Oben links:
Die Iris gilt als das bekannteste Symbol der französischen Monarchie. Die blaue *Iris sibirica* erhebt sich wahrlich majestätisch über Ihr Beet.

Oben rechts:
Gladiolus communis subsp. *byzantinus* ist eine wunderbare Gladiole in geheimnisvoll leuchtendem Pink.

Gutes für mich: Wussten Sie, dass bei jedem Waldspaziergang außer frischer Luft auch Gesundheit auf Sie wartet? Vernaschen Sie einfach unterwegs gepflückte Birkenblätter (nicht vom Straßenrand oder in der Nähe von Pflanzen, die gespritzt sein könnten). Sie reinigen das Blut, regen den Stoffwechsel an und entwässern. Sollten Sie Probleme mit Ihrem Zahnfleisch haben, zerkauen Sie einfach langsam ein Eichenblatt und spucken es dann aus. Hilft sicher!

Aus dem verdickten Wurzel-
stock treiben Pfingstrosen im
zeitigen Frühjahr mit schönem,
sattem Grün aus und blühen
je nach Art ein bis zwei Wochen
lang rund um Pfingsten.

Welch eine Blumenvielfalt

*Pfingsten ruft vor allen anderen Rosen seine eigene Rose auf die
Bühne. Zärtlich auch Päonie gerufen, erfreut sie uns sehr lang
mit ihrer Blüte und unglaublich herrlichen Farbenpracht.*

Päonien satt

Zuerst erblühen die ungefüllten Strauch-Pfingstrosen (*Paeonia suffruticosa*)
und erfreuen meine Seele. Zu meinen wirklichen Lieblingen gehört die
'Orange Glory', eine stolze „Rose", 120 cm hoch und mit tief scharlachroten
Blüten, die aber in der Sonne orange wirken. Dann die 'Clair de Lune' in
Cremegelb, sehr zurückhaltend charmant und lieblich wie das gleichnamige
Klavierstück von Claude Debussy. 'Charlie' in Schneeweiß zieht wiederum
gerade aus der Ferne alle Blicke auf sich.
Wenn dann die gefüllten Pfingstrosen blühen, geht mir das Herz auf. Allein
die stattlichen Blumen beobachten, wie sie mit Anmut immer schwerer
werden und sich dann neigen – vielleicht verneigen vor der Schönheit der
Natur – ist ergreifend. Doch das dauert ein wenig. Die Päonie braucht Zeit

und Ruhe, um schön zu werden. Geduld lernte sie in den Klostergärten. Von dort gelangte sie in die ländlichen Bauerngärten, weshalb die Art *Paeonia officinalis* heute noch Bauern-Pfingstrose genannt wird. Über das Image einer derben Bauerngartenschönheit ist sie mittlerweile aber weit hinaus gewachsen, in eleganten Gärten darf sie heute nicht mehr fehlen. Dort gönnt man ihrer rauschhaften Blütenfülle ein exponiertes Plätzchen – oder gar ein eigenes Beet. Das Beet teilt die Päonie gerne mit anderen. So kombiniere ich in gemischten Rabatten Pfingstrosen gern mit Stauden wie Frauenmantel (*Alchemilla*), Katzenminze (*Nepeta*) und Pracht-Storchschnabel (*Geranium magnificum*), da sie zur selben Zeit in voller Blüte stehen.

Auch wenn es so aussieht ...

... ist Pfingstrose nicht gleich Pfingstrose. Denn vor etwa 200 Jahren brachten, wer sonst, reisende Engländer eine weitere Pfingstrose aus China mit nach Europa, die *Paeonia lactiflora*. Ein klangvoller Name für einen wertvollen Gartenschatz! Die Chinesische Pfingstrose blüht kuppel- bis schalenförmig (und kann der klassischen Rose zum Verwechseln ähnlich sehen) oder bildet kugelrunde gefüllte Blütenbälle wie kleine Popos. Ihre umwerfende Schönheit ließ sie zur Nationalblüte Chinas werden. Ich vermute, dass sich die Strauch-Pfingstrose ein wenig in die Chinesische verliebt hat und unversehens kam dabei die heute besonders beliebte, dicht gefüllte Edel-Pfingstrose mit einem breiten Sortenangebot heraus. Ach, Liebe ist einfach universell.

Doch warum werden meine Pfingstrosen so oft von Ameisen besucht? Zunächst meinte ich, bei den Ameisen eine gewisse Neugier zu erahnen, wann sich die schönen Knospen endlich öffnen. Heute denke ich eher, dass sie über die medizinische Wirkung der Pfingstrose Bescheid wissen. Sie soll gegen Keuchhusten und Unruhe helfen. Dazu muss man sie nicht essen, allein das Anschauen beruhigt das Herz und streichelt die Seele.

Nelken rosarot

Mein Herz habe ich an Nelken verschenkt, die etwas Rosarot in mein Leben bringen – und Nostalgie pur. Einst verbannt, erobern sie heutzutage wieder unsere Gärten und Balkone. Sorten wie 'Trickle Pink' oder 'Sissy' aus der Super-Trouper-Serie vollenden zusammen mit 'Sugar Plum' das rosa Lustspiel. Ich kombiniere sie miteinander und schicke dann meine Gedanken auf Reisen, auf rosaroten Wolken. Chinenser-Nelken, die ein- bis zweijährig sind, und Bartnelken eignen sich ebenso für die rosarote Seite des Gartens. Diese herrlich schwebenden, dicken Blütenpopos blühen duftend von Mai bis zum Frost, wenn Sie ihnen einen sonnigen, lufttrockenen Platz zuweisen. Der locker durchlässige Boden lädt auch Rosmarin, Salbei und Currykraut ein.

Auch kleinste Gartenwelten lassen sich malerisch mit den Zwergen unter den Nelken gestalten. Einer ganz unbescheidenen *Dianthus gratianopolitanus* 'Whatfield Gem' gehört ein besonderer Platz im Steingarten. Zurückhaltend, aber dennoch ein großes Kunstwerk der Natur ist die Sand-Nelke (*Dianthus arenarius*). Fedrig weiß und luftig leicht gedeiht sie auf ärmsten Sandböden und sät sich immer wieder selber aus, welch Zauber.

KOPF HOCH, LIEBE PFINGSTROSEN

Damit die Päonienblüte den Überblick bewahrt, helfe ich mit einer Staudenstütze (gern edle selbstgemachte Unikate). Sie hält die Blüte selbst bei Regen hoch. Die verblühte Pfingstrosenblüte schneide ich direkt unterhalb der Blüte ab, sodass der Stängel mit den weiteren Knospen stehen bleibt. Dies verhindert die kraftzehrende Ausbildung der Fruchtstände und ist eine gute Vorbereitung für eine noch üppigere Blüte im nächsten Jahr.

Vergissmeinnicht, ob in Weiß oder Blau, ist immer ein Symbol für eine zärtliche Erinnerung.

Tränen wollen gestillt sein

Ich frage mich, warum das Tränende Herz so traurig ist. Liegt es vielleicht daran, dass es giftig ist? Eigentlich kommt es völlig problemlos durchs Leben, denn dank seiner Herkunft aus den Gebirgsregionen Asiens und Nordamerikas ist es sehr robust und vollkommen winterhart. Es wirkt völlig zufrieden und dennoch weint es. Da geht mir auf, das Tränende Herz braucht die richtigen Freunde, die die herzförmigen Einzelblüten bewundern. Und sein überaus filigranes Blattwerk, das bei der Zwerg-Herzblume, der kleinen Schwester des Tränenden Herzens, fast farnartig ist. Darum soll es sein Publikum bekommen. Liebevoll pflanze ich an den halbschattigen Standort des Tränenden Herzes Storchschnabel, Farne, Astilben und Funkien. So entsteht ein schönes Beet und das Tränende Herz braucht nicht mehr weinen.

Niemals mehr vergessen

Wer einmal Vergissmeinnicht (*Myosotis*) im Garten hat, besitzt es für immer. Denn es samt sich unvergesslich reichlich aus, sofern man ihm einen halbschattigen Standort und frischen bis feuchten Boden bieten kann. Wenn Sie nicht überall Unvergessliches haben wollen, setzen Sie besser Kaukasus-Vergissmeinnicht (*Brunnera macrophylla*). Sechs bis zehn Pflanzen benötigen Sie pro m² bei einem Pflanzabstand von 30–40 cm oder Sie gruppieren sie zu fünft bis zehnt in kleinen Tuffs. Vergessen möchten Sie das Vergissmeinnicht dann gewiss nicht mehr, wo es doch so atemberaubende Sorten gibt wie etwa 'Variegata' (mit weißrandigen Blüten), 'Blaukuppel' (mit tollen blauen Blüten) oder 'Milleniumsilber' (mit gefleckten Blüten).

Maiglöckchen sind ideale
Pflanzen zum Verwildern in den
sonst eher problematischen
Bereichen unter Bäumen.

Schönheitskur für Ihre Stauden

Stauden brauchen etwas Aufmerksamkeit, sollen sie ihrer besonderen Kunst
des Remontierens nachkommen. Remontierende Stauden kommen ein zweites Mal zur Blüte. Das wünscht sich ebenfalls jede Frau; und es ist ihr auch
gegeben, wird sie – genauso wie die Stauden – gut gepflegt.
Schwächelnde Stauden, die vielleicht schon ein wenig ermüdet sind von der
Konkurrenz strahlender Blüten, freuen sich, wenn ich sie jetzt mit Jauche
stärke. Der wirkt schnell wie ein Energiedrink.
Doch so manche Blumen sind auch durch gutes Futter nicht mehr zum Strahlen zu bringen. Bei ihnen sollten Sie beherzt zur Gartenschere greifen. Ein
zeitiger Rückschnitt etwa regt Mädchenauge, Spornblume, Kokardenblume
und Sommermargerite an, sich ein zweites Mal im Blütenkleid zu schmücken.
So wunderbare Blumen mit poetischen Namen wie Sonnenauge, Sonnen-
braut oder Skabiose können Sie jetzt zurückschneiden. Das macht nicht viel
Arbeit, doch der Erfolg ist im Herbst unübersehbar. Auch die kleinen, sich in
den Beeten teppichgleich daniederlegenden, zauberhaften Stauden namens
Ehrenpreis, Günsel, Steinkraut und Feder-Nelke lassen sich, oh nun wird es
etwas grob, prima mit einer Heckenschere zurückschneiden.

Hochstammrosen bringen Struktur, Farbe und eine elegante Form in kleine Gärten.

Luft und Licht für die Königin der Blumen

Kennen Sie das? Wenn man direkt nach dem zeitigen Aufwachen aufsteht, ist der Morgen noch taufrisch, im Frauenmantel sammelt sich der Tau, strahlend wie Diamanten. Es ist die beste Zeit, sich um die Königinnen im Garten zu kümmern.

Rosen sind die Damen im Garten

Sie wünschen immer ein wenig mehr Aufmerksamkeit, belohnen uns aber dafür mit wunderschönen Blütenstrahlen und inspirierendem Duft. Genauso wie die Industrie uns Frauen die unsterbliche Schönheit verspricht, so verspricht sie es auch den Rosen. Hier scheiden sich ein wenig die Geister, denn der eine wünscht ein makelloses Blatt, der andere kann mit dem einen oder anderen Fleck leben und möchte seinen Rosen nur ein wenig helfen, ihre volle Pracht zu entfalten. Mein Tipp: Versuchen Sie es mal mit Rosen-Tropfen. Sie bestehen aus Blütenessenzen von Schlehdorn, Bärlauch, Schwarzem Holunder, Johanniskraut, Wildkirsche, Mistel und vielem mehr, die nach dem Prinzip der Bachblüten hergestellt werden. Diese momentan nur im Internet (siehe Serviceteil Seite 157) erhältlichen Rosen-Tropfen stärken die Widerstandskraft sowie die Wurzel- und Blütenbildung. Sie bekämpfen keinen Pilz oder Schädling, sondern stärken die Rosen so, dass deren Eigenabwehr wieder funktionieren kann.

Eine andere Möglichkeit: Sie legen Ihrer Rose Beinwell zu Füßen und werden staunen, wie sehr die Rose aufblüht und duftet. Und achten Sie bitte auf ihre

Wählen Sie beim Kauf
immer die resistenten ADR-
Rosen, sie benötigen
keinen Pflanzenschutz.

Ernährung. Denn wenn die Rose zu viel futtert, reift ihr Holz nicht aus und
sie erfriert im nächsten kalten Winter. 3 Liter Kompost pro m² Bodenfläche,
locker als Mulch verteilt, ernährt sie leicht und hält sie schlank.

Dornröschen schneidet sich frei

Bei allen Rosen, die nur einmal blühen, können Sie ruhig das Verblühte dran-
lassen. Die mehrmals blühenden Rosen hingegen sollten Sie ausputzen und
alles Verblühte bis zum nächsten fünfblättrigen Blatt zurückschneiden. Bitte
nicht weiter, sonst nehmen Sie der Rose zu viel Blattfläche, um sich optimal
zu versorgen. Nach solch einem regelmäßigen Rückschnitt schmückt sie sich
bald wieder mit dem schönsten Blütenkleid und streut an windstillen Tagen,
gleich einem parfümierten Seidentuch, ihren unverwechselbaren Duft über
Ihren Garten.

Duftende Nostalgie zieht ein

Ganz besonders möchte ich Ihnen für Ihren Garten die so genannten Alten
Rosen empfehlen. Die Blüten dieser Sorten, die bis etwa Mitte des 19. Jahr-
hunderts entstanden sind, sehen für mich wie üppige Ballkleider aus. Manchmal allerdings sind die alten Schönheiten empfindlich und ihr Blütenballkleid
mit rußigen Pilzflecken übersät. Um dem vorzubeugen, kreuzte man den
Charme der alten Sorten mit der Robustheit moderner Rosen und schaffte so
die Gruppe der Nostalgie-Rosen. Viele werden bis etwa 2 m hoch, ideal um
Ihren Garten mit sinnlichen Pflanzen-Skulpturen zu verzaubern. Lassen Sie
sich verführen! Möchten Sie ganz sicher sein das Ihre Rose immer gesund ist,
wählen Sie Rosen mit dem ADR-Gütesiegel.

MEINE LIEBLINGSROSEN

Ich liebe Rambler-Rosen. Sie
sind für mich der Inbegriff der
ungebändigten Schönheit.
Meist einmal blühend wie mein
persönlicher Liebling 'Paul's
Himalayan Musk', eine der
besten Rambler-Rosen. Ihr steht
mein zweiter Herzens-Rambler
in nichts nach. 'Malvern Hills'
ist eine der äußerst seltenen
Rosen, die tatsächlich den
Namen einer öfter blühenden
Rambler-Rose verdient haben.
Ihre blassgelben Blüten mit
kleinem Knopfauge in der Mitte
verströmen einen herrlichen
Moschusduft.

Unkraut? So etwas gibt es nicht

Ich gratuliere Ihnen, wenn Sie es wieder nicht geschafft haben, den ganzen Garten von Beikräutern zu befreien – und das meine ich nicht ironisch. Denn dann kann die Natur als Schöpfer schönster Bilder in Ihrem Garten kreativ werden.

FUTTERPFLANZEN FÜR SCHMETTERLINGSRAUPEN

› heimische Wildkräuter wie Disteln
› Gräser wie Knäuelgras
› Sauerampfer
› Hornklee
› Veilchen
› Weidenröschen
› Brennnessel
› heimische Wildsträucher wie Heckenkirsche, Hartriegel und Schlehe

Natur, ja bitte!

Zur hohen Kunst der Gartengestaltung gehört es, auch der Natur genügend Raum zu geben. Sie zu hören und zu fühlen, schärft unsere Wahrnehmung für das Hier und Jetzt. Diese Aufmerksamkeit für die Natur kann auch dazu führen, dass wir feststellen, dass in dem von uns gestalteten Raum Garten nicht alles zusammenpasst. Zu viel, zu bunt oder auch zu monoton, das verwirrt nun das Auge und wir können den Garten nicht mehr so genießen.

Wie überall im Leben machen Kontraste die einzelnen Elemente sichtbarer. So schmeichelt der klassische „Mixed Border", die gemischte Staudenrabatte, dem grünen Rasen. Oder eine bunte Wiese liebt die Ruhe eines angrenzenden Holzdecks. Mischkultur, ein wunderbarer Ausdruck für gegenseitige Hilfe, umringt sich gern mit sattem grünem Buchs. Und in all diesen gestalteten Welten finden Wilde Möhre, Distel, Malven und andere Wildkräuter immer auch einen guten Platz. Schöpferisches Durcheinander hüpft also durch meinen Garten.

Schmetterlinge halten Einzug

Denn Lebendigkeit und Vielfalt ist es, was wir im Garten brauchen. Wenn wir unser kleines Paradies so gestalten, dass sich die Natur als gern gesehener Gast wohl darin fühlt, werden wir mit schönen Gastgeschenken belohnt. Geflügelte Wesen in vielen bunten Farben besuchen dann unseren Garten. Doch all die luftigen Schmetterlingswesen brauchen für sich reichhaltige Nektarpflanzen und für ihre hungrigen Raupenkinder Essen, Leckeres wie Astern, Distel-Arten, Dost und duftende Verwandte.

Schenken wir doch einer ganz besonderen Pflanze, der Brennnessel, einen verklärten Blick, denn sie ist zartblättrig und so nutzbringend. Die Raupen von Tagpfauenauge, Kleinem Fuchs und Admiral verputzen die Nessel mit himmlischem Vergnügen. Finden Sie in Ihrem Garten einen Platz für die Brennnessel, an dem Sie sie gezähmt in einem Eimer mit herausgeschnittenem Boden einpflanzen – dann werden bald wunderschöne Schmetterlinge Ihren Garten in ein Zauberland verwandeln.

Vom Glück für alle

Apropos verwandeln: Madame Brennnessel ist nicht nur für Schmetterlinge gut, der Volksmund munkelt, die Brennnessel sei eine Frühjahrsgefühlpflanze. Und das zu Recht. Manche Kräuter, darunter auch die Samen der Brennnessel, regen die sexuellen Energien im Körper an und bringen sie zum Schwingen. Diese aphrodisierende Aufgabe erfüllen die Brennnesselsamen besonders gut, wenn sie in wohlschmeckendem Alkohol angesetzt sind: In einem guten Obstbrand eingelegt, sind sie schon fast ein Zaubermittel.

Und sind wir alle glücklich durch sie geworden, ernten wir noch etwas Brennnesseln für Jauchen (siehe Seite 84), um unsere pflanzlichen Sommerbegleiter vor allen Krankheiten zu schützen.

Linke Seite:
Die Buddleja wird nicht umsonst auch Schmetterlingsstrauch genannt.

Oben:
Wer Schmetterlingen einen Lebensraum in Garten bietet, braucht im Sommer keinen Fernseher.

Sekt aus wilden Blüten: Ach, was verbirgt sich so alles Gutes in wilden Kräutern, die sich im schöpferischen Durcheinander durch den Garten ziehen. Wie wäre es mit Löwenzahn-Sekt? Zupfen Sie ganz viele gelbe Blütenblätter ab, sodass Sie diese mit ungefähr 4,5 Litern abgekochtem, abgekühltem Wasser bedecken können. Drei Tage stehen lassen, dabei mehrmals umrühren. Dann absieben und 30 Minuten lang mit der Schale von je einer ungespritzten Zitrone und Apfelsine, etwas Ingwer und 1750 g Zucker aufkochen und dann abkühlen lassen. Einen Würfel frische Hefe in etwas Wasser auflösen und unterrühren. Nun vier Tage stehen lassen, dann in dunkle Flaschen abgießen. Der Korken muss fest sitzen, sonst knallt es. Befestigen Sie ihn also wie bei einer gekauften Sektflasche mit Draht am Flaschenhals.

Wo Natur in den Garten einzieht, ist der Hollerbusch nicht weit …

Mein schönstes Holunderwunder

Der wichtigste Beschützer von Haus und Hof, Mensch, Tier und Pflanze ist der Schwarze Holunder. Kein Wunder, dass er früher an jedem Bauernhaus wuchs.

Schwarzer Holunder ist ein Zauberbaum oder -strauch, denn er wächst mal so, mal so. Den Germanen galt er als heilig. Sie weihten ihn der Göttin Freya, die für Liebe und Ehe zuständig war und der wir im Märchen als Frau Holle wieder begegnen. In der Volksmagie soll ein Holunderzweig, in die Erde gesteckt, Fieber senken. Das Kauen auf einem Zweig von Zahnschmerzen befreien, die grüne Rinde hilft bei Warzen. Das klingt schon nach viel, Holunder hat aber noch mehr zu bieten: Nach einer dänischen Sage leben nicht nur gute Zwerge unter ihm, sondern der Schwarze Holunder aktiviert die natürlichen Abwehrmechanismen der Pflanzen in seiner Nähe und erhöht dadurch deren Widerstandsfähigkeit gegen Schorf, Rost, Monilia, Mehl- und Rußtau.

Die Wühlmaus ist ein nicht so gern gesehener Gast in meinem Garten. Leider lässt sie sich einfach nicht durch freundliche Ansprache vertreiben. Nein, es muss ihr schon gewaltig stinken, damit sie geht. Also gebe ich für eine Jauche 1 kg Holunderblätter in 10 Liter Wasser, lasse sie 14 Tage in der Sonne vor sich hin stinken und gieße dann das Ganze, unter leichtem Hüpfen meines Magens, in alle sichtbaren Mäusegänge. Ich nehme in Kauf, dass ich an diesem Tag den Garten nicht mehr betreten kann. Doch die Wühlmaus packt bestimmt ihr Bündel und zieht weiter. Ach ja, und wenn etwas von der Jauche übrig bleibt, können Sie damit bestens die Ameisen vergrämen, die die Blattläuse auf die Blätter tragen und gleich Minikuhherden pflegen und melken.

Im Sommer hänge ich gerne Holunderzweige an meine Fensterrahmen oder binde sie mit in die Türkränze ein, denn dann kommen Insekten ungern ins Haus. Besonders gut helfen die Zweige gegen Fliegen, habe ich festgestellt.

Zweierlei Holundergelee

Blütengelee

ZUTATEN:

· 0 1 ·

Geben Sie die Holunderblütendolden in das mit Zitronen- und Apfelsaft
gemischte Wasser und lassen Sie alles 24 Stunden lang ziehen. Dann durch
ein feines Sieb geben und die Flüssigkeit in einem Topf auffangen.

1 Korb Holunderblütendolden
Saft einer Bio-Zitrone
500 ml Apfelsaft
400 ml Wasser
500 g Gelierzucker (1:2)

· 0 2 ·

Rühren Sie den Gelierzucker in die Flüssigkeit und kochen alles nach
Packungsanleitung auf. Das Gelee heiß in Gläser füllen, fest verschließen und
ungefähr fünf Minuten auf den Kopf stellen.
Lecker ist es auch, wenn Sie den Saft durch Apfel- oder anderen Wein ersetzen.

Beerengelee

ZUTATEN:

· 0 1 ·

Die Beeren mit einer Saftzentrifuge entsaften, ohne Zucker dampfentsaften
oder mit wenig Wasser aufkochen und den Saft durch ein Tuch ablaufen lassen.

5 kg frische, reife
Holunderbeeren
Saft von 2 Zitronen
1 kg Gelierzucker (1:1)

· 0 2 ·

Mischen Sie 1 Liter dieses Safts mit Zitronensaft und Gelierzucker und bringen
es zum Kochen. Vier Minuten sprudelnd kochen lassen. In Gläser füllen.
Manchmal geliert Holunder nicht so gut; deshalb die Saftmenge genau einhalten und die Kochzeit keinesfalls unterschreiten.

Eine Variante für mehr Abwechslung: 500 ml Holundersaft mit 500 ml Brom-
beer-, Apfel-, Birnen-, Schlehen- oder Quittensaft mischen.

Ein Zaubertrankgärtchen ...

... sollte jeder haben. Denn in der Welt der Heilpflanzen finden
Sie Mittel gegen all die kleinen Alltagswehwehchen, die Sie hier
und da plagen. Lassen Sie darum auch in Ihrem Garten heilende
Pflanzen wachsen.

Wohltuendes für Mensch und Pflanze

Überraschenderweise sind die Pflanzen, die uns Menschen gut tun, auch für
Pflanzen gut. Als wundervolle Beschützerinnen von Mensch und Garten pflanze
ich Ringelblumen. Ich finde sie großartig, denn obwohl sie überall wachsen,
wenn sie sich einmal wohlfühlen, machen sie doch niemandem Konkurrenz.
Meine Mutter kochte Ringelblumensalbe und jeder noch so wunde Babypopo
und jede pubertierende Wange heilte dank *Calendula*, meiner Hautstreichlerin.
Und ein Tee aus den gelben Blütenblättern, die das strahlende Sonnenlicht eingefangen haben, hilft sofort gegen Krämpfe und Übelkeit. Und meine Pflanzen?
Sie stärkt eine Jauche aus Ringelblumen (Zubereitung siehe Seite 84).

Die wunderbaren Drei

Doch nicht genug der kleinen Wunderheiler: Auch Schafgarbe, Knoblauch
und Kamille wachsen in meinem Zaubertrankgarten. Diese drei Wildkräuter
bringen junges Gemüse auf einen guten Weg. Kennen Sie das? Sie säen aus
und plumps – nach sieben Tagen fällt alles um. Diese Zeiten sind für mich
vorbei, denn seit ich meinen Kleinen ein Saat- und Wurzelgesundheitsbad aus
Schafgarbe, Knoblauch und Kamille und noch ein wenig mehr gönne, haben sie
einen guten Start. Und so geht's: 50 g getrocknete Scharfgarbe, 50 g getrocknete
Kamille und 20 g Knoblauch mit 10 Litern Wasser vergären lassen. Dann im Verhältnis 1:10 mit Wasser verdünnen und die Samen darin vor der Aussaat sowie
die Wurzeln der kleinen Pflänzchen beim Umpflanzen baden.
Doch nicht nur den Pflanzen kommen die wunderbaren Drei zunutze, auch
mein Wohlbefinden steigern sie. Die Kamille hilft als Tee sehr schnell bei Hals-
schmerzen und als Spülung, die mein Haar zum Strahlen bringt.
Die Scharfgarbe ist ein Frauenkraut, es gehört für uns weibliche Wesen in jeden
Salat. Braten sie die Blüten dafür kurz in der Pfanne an.
Nun wird es ein wenig geruchvoller, aber umso wirksamer. Stress und viel
Arbeit schlagen uns auf den Magen und auf das Gemüt. Um vital zu bleiben,
hilft nur eine Totalsanierung von innen: Eine Knoblauchkur ist nachweislich
auch die beste Vorsorge vor Arteriosklerose. Bitte schütteln sie sich nicht,
sondern probieren Sie's aus. 250 g Knoblauchzehen in 1 Liter Alkohol ansetzen, zwei Wochen an einem warmen Ort stehen lassen, gelegentlich schütteln.
Danach absieben und täglich zwölf Tropfen vor der Mahlzeit einnehmen. Nicht
mehr, sonst werden Sie übermütig.

Links:
Schon Hildegard von Bingen
schätzte die Ringelblume
und nannte sie „Ringula" oder
„Ringella".

Hätten Sie's gewusst?
Gängige Zubereitungsarten
des Rhabarbers deuten nicht
daraufhin, aber botanisch zählt
er zum Gemüse.

Rhabarber, neu entdeckt

Ich esse frischen Rhabarber für mein Leben gern, als Kompott schmeckt er
nicht nur umwerfend, nein, er regt auch den gesamten Verdauungsapparat
an. Er ist reich an Kalium und enthält Vitamin C, Kalzium und Folsäure. Und
da ich weiß, was alles Gutes in ihm steckt, esse ich Rhabarber gleich noch viel
lieber – oder trinke ihn. Schnell ist Rhabarberwasser gemacht: einfach ein
paar Stückchen in Wasser legen, ziehen lassen und nach zwölf Stunden die
Stücke herausfischen und das Wasser trinken.
Aber hätten Sie gedacht, dass die Pflanze, die uns im Frühling den Winter aus
den angefutterten Fettpölsterchen jagt, auch für andere Pflanzen im Garten
überaus wertvoll ist? Aus den Resten meines Rhabarberwassers, also den
ausgezogenen Stückchen, den Blättern und allem, was beim Schnippeln übrig
blieb, stelle ich eine herrlich stinkende Jauche her (Zubereitung siehe Seite
84), die das Pflanzengewebe stärkt und Lauchmotte, Schwarzer Bohnen-
blattlaus, Kraut- und Knollenfäule sowie der Braunfäule an Tomaten keine
Angriffschancen bietet.

Ringelblumensalbe à la Mama: Meine Mutter versorgte die ganze Familie
mit dieser Salbe. Da sie so einfach herzustellen ist, mache ich sie heute noch
selber. Ich nehme 500 g Melkfett und vier Handvoll Ringelblumenköpfchen,
die ich mittags geerntet habe (dann enthalten sie den höchsten Anteil an
ätherischen Ölen). Ich erhitze das Melkfett und gebe die kleingeschnittenen
Blütenköpfchen hinein. Alles sprudelnd aufkochen lassen und dann sofort
vom Herd nehmen. Deckel drauf und 24 Stunden stehen lassen. Danach
erwärme ich das Fett, filtere alles durch ein sauberes Leinentuch und fülle die
Salbe in blitzesaubere Cremetiegel. Kühl aufbewahren!

Oben:
Formbar und wandlungsfähig
macht der Buchs als ruhiger
Begleiter stets eine gute Figur.

Mehr Struktur durch Sträucher

Oben rechts:
Um bei der Rispen-Hortensie
einen buschigen Wuchs zu
bekommen, werden die Triebe
nach den letzten starken
Frösten bis auf etwa 50 cm
eingekürzt.

In der Gestaltung meiner Gärten setze ich immer Sträucher ein. Sie bringen Struktur, etwa als dicker Farbklecks wie die Hortensien oder als schöner Rahmen für alles Bunte wie der Buchs.

Hortensien – mal rosa, mal blau

Hortensien sind freundliche kleine Blender, denn ihre wahren Blüten sind winzig und werden von einem opulenten Kranz Scheinblüten umgeben. Damit sie sich jedes Jahr erneut in Szene setzen können, brauchen sie jetzt einen Schnitt. Bei den Bauern-Hortensien (*Hortensia macrophylla*) schneide ich nur die Blütendolde ab, da sich aus den beiden darunterliegenden Seitentrieben die Blüten des nächsten Jahres entwickeln. Richtig geschnitten werden muss die bis zu 2 m hohe Rispen-Hortensie (*Hydrangea paniculata*). Sie wird auch Schafskopf-Hortensie genannt, nicht weil sie etwa blökt, sondern weil ihre Blüten bisweilen an Schäfchen erinnern. Damit sie buschig wächst, werden alle Triebe nach den letzten starken Frösten bis auf etwa 50 cm eingekürzt. Wenn sich Ihre Hortensie rosarot verfärbt, so ist sie nicht etwa verliebt. Nein, die Blütenfarbe von Hortensien hängt vom pH-Wert des Bodens ab. Blaue Blüten gibt es nur, wenn die Wurzeln in sehr saurer Erde stehen (pH 4 bis 4,5). Liegt der pH-Wert höher, wechseln die Blüten ihre Farbe zu Rosa. Möchten Sie das nicht, können Sie dem Gießwasser Essigessenz (1 EL auf 10 l) zusetzen oder sich speziellen Hortensiendünger besorgen. Hortensien sind auch bestens für charmante Erinnerungen geeignet, denn die wolkigen Blütenbälle lassen sich prima trocknen, für Gestecke, Kränze oder Trockensträuße etwa. Dazu müssen Sie die Hortensie schneiden, wenn die Blüten in der Mitte aufblühen. Trocknen Sie sie an einem gut belüfteten, schattigen Platz.

Die sieben Söhne des Himmels

Ein wenig abseits, doch bestens in Szene gesetzt, öffnet gerade die Sieben-Söhne-des-Himmels-Blume (*Heptacodium miconioides*) an meinem Lieblings-platz im Garten ihre Hauptblüte. Diesen sonderbaren Namen bekam sie nicht von mir, sondern von ihrer Blütenform. Die rahmweißen, duftenden Einzel-blüten mit purpurrotem Kelch sind immer zu siebt zu Rispen angeordnet. Ein wenig erinnert sie mich an uns Menschenkinder. Denn in der Jugend wächst sie wild und lebendig, wird aber mit den Jahren erwachsener, reifer und ein richtiger Ästhet. Sie kennen diesen außergewöhnlichen Pflanzen-schatz noch nicht? Dann suchen Sie einen besonderen Platz in Ihrem Garten für diesen anspruchslosen Strauch, der Sie reich beschenken wird – und das ohne Gegenleistung, denn er braucht noch nicht einmal einen Schnitt.

Formvollendeter Buchs, rund und prächtig

Ist der Buchs nicht ein eleganter Begleiter aller Blumen? Kugelt er sich nicht herrlich vor unseren Eingängen? Bringt er nicht Ruhe in die Unruhe mancher Beete und ist dabei so wunderbar wandelbar? Erst der Buchs macht den Bau-erngarten wirklich romantisch mit Kugeln, schmalen Hecken und malerisch gezogenen grünen Linien. Und er hat eine lange Geschichte, die so alt ist wie der Garten selbst: Immer war Buchs die Pflanze der Wahl gewesen, in frühe-ren Kloster- und Apothekengärten wie etwa der Benediktinerinnenabtei Fulda ebenso wie heute bei der Gestaltung kleinster Gärten, auf Gräbern und sogar im Kübel auf der Terrasse. Er ist mein Liebling unter den Schnittgehölzen, denn seine kleinen Blätter lassen ihn niemals zerzaust aussehen. Und da der Buchs die Langsamkeit gepachtet hat, hetzt er mich auch nicht. Gemütlichkeit und Genauigkeit ist beim Schnitt angesagt, der am besten im Juni geschieht, denn dann muss er nicht nochmals unter das Messer.

Allerdings hat es der Buchsbaum heute nicht mehr so leicht wie früher, gibt es doch einen unangenehmen Einwanderer, der ihm und mir das Leben schwer macht. Ein berüchtigter Pilz namens *Cylindrocladium* breitet sich rasant aus und rafft die beliebten Einfassungspflanzen sprichwörtlich reihenweise dahin, nicht nur zu meinem Leidwesen. Auch ein neuer Schädling, ein weißer, braun gerandeter Falter, wurde kürzlich aus Ostasien eingeschleppt. Seinen Namen Buchsbaumzünsler kann man kaum aussprechen, aber man kann ihn mit sei-nen rund 4 cm Flügelspannweite sehen – und dann muss er bekämpft werden. Also immer ein Auge auf den Buchs werfen, vielleicht blinzelt er ja zurück.

DAMIT SIE IMMER SCHÖN BLÜHENDE STRÄUCHER HABEN

› Gehölze, die am diesjährigen Holz blühen: Schnitt im Früh-jahr nach dem Frost, in der Regel vertragen sie einen kräf-tigen, starken Rückschnitt. Beispiele: Sommerflieder, Hibiskus
› Frühjahrsblüher: mit dem Schnitt warten, bis die Blüte vorbei ist. Beispiel: Forsythie
› Gehölze, die am ein- und mehrjährigen Holz blühen: von Zeit zu Zeit ganze Äste entfernen (direkt über dem Boden abschneiden), so wird die Regeneration gefördert

Meine Lieblingssträucher: Gerne verbinde ich das Schöne mit dem Nützli-chen. Viele Ziergehölze tragen essbare Früchte, so etwa die Felsenbirne (*Ame-lanchier*). Ihre Früchte können Sie genauso wie die der Blutpflaume (*Prunus cerasifera*) frisch gepflückt genießen. Die Kornelkirsche (*Cornus mas*) ist ein attraktiver Strauch, deren kirschenähnliche Früchte säuerlich schmecken. Sie können sowohl roh als auch gekocht (etwa zu Marmelade) gegessen werden.

Geschützte Gartenräume für schöne Mittagsträume

Jeden Mittag sollten Sie sich die Zeit nehmen, den Vögeln zu lauschen und den Wolken zuzuschauen. Ich tue es, wann immer mir es möglich ist und entspanne dabei auf erfrischende Weise.

Ideen für Ihren Garten

Die schönste Gartengestaltung übernimmt die Natur manchmal von ganz allein.

Mein Rückzugsraum in meinem Garten, an dem keiner meine Mittagsträume durch ein noch so kurzes Schwätzchen unterbrechen kann, sieht so aus: Zwischen zwei alten Baumfreunden habe ich eine Hängematte gespannt. Dort ist für mich der ultimative Ort zum Entspannen, dort erzählt mir der Wind seine Geschichten. Stehen in Ihrem Garten keine Bäume, können Sie sich mit einem Standgestell helfen, in das Sie Ihre Hängematte einhängen können. Es gibt so viele weitere Möglichkeiten, wie Sie auch in Ihrem Garten ein geschütztes Plätzchen erschaffen können.

Idee Nr. 1: Sie stellen eine mobile Garderobe, etwa aus dem Discounter, auf und geben ihr eine völlig neue Gesinnung. Spinnennetzgleich spannen Sie eine Wäscheleine um das Gestell und dekorieren den Fuß mit einem Kübel, in den Sie Anfang Mai Feuerbohnen säen. Schon im Juni sind Sie verschwunden hinter einer Bohnenwand.

Idee Nr. 2: Nicht jeder möchte in einer mobilen Garderobe ruhen, das kann ich verstehen. Doch es geht auch edler im wandelbaren Schlafzimmer. Eine sehr einfache Möglichkeit sind selbst gemachte Rankgerüste aus Ästen oder Weiden. Doch ungleich eleganter sind die Obelisken aus Holz oder Metall, gedacht für Kletterrosen, die mit Glaskugeln oder anderen wunderschönen Verzierungen so manch neugierigen Kletterer sehr schnell nach oben ziehen.

Kletternde Pflanzen

AUF SICHERHEIT ACHTEN

Die Sichtschutzkonstruktionen müssen stabil und dauerhaft sein. Gut geeignet sind Edelkastanie oder andere Harthölzer. Verzichten Sie auf kesseldruck-imprägnierte Hölzer, da diese oft pflanzenunverträglich und als Sondermüll zu entsorgen sind. Des Weiteren sollten Sie wegen Bruchgefahr darauf achten, dass dünnere Latten keine Astlöcher enthalten.

Ganz eilig hat es das Geißblatt, jede rankende Gelegenheit zu erklimmen. Diese wirklich starkwüchsige Schlingpflanze begleitet jedes Schläfchen an lauen Sommertagen mit ihrem wundervollen Duft – und das eine ganze lange Gartenschläfchensaison lang. Das andere überaus verzaubernde, auch zum nächtlichen Schlaf einladende Kletterwunder ist die Sternwinde. Dieser prächtig blühende Himmelsstürmer wächst am sonnigen, warmen Standort bis zu 3 m hoch. Doch vielleicht hält er Sie ein wenig vom Schlafen ab, fasziniert er doch durch seine ungewöhnliche Blütenfarbe. Die Blüten changieren, je nach dem Grad des Aufblühens, von Rot über Orange bis Gelb.

Idee Nr. 3 und 4: Oh, Sie stöhnen leise und wollen nur ruhen und keine Gerüste bauen ... Dann verschwinden Sie doch einfach für ihr wohlverdientes Mittagschläfchen hinter einer Reihe friedlicher Sonnenblumenriesen. 'King Kong', 'Sunrich' und 'Santa Fe' heißen diese Sonnenblumen gigantischen Ausmaßes, die Sie einfach rund um Ihren schutzsuchenden Gartenraum pflanzen oder säen. Oder Sie bauen sich Skateboards für Kübelpflanzen: Dazu

Manchmal reichen auch ein
paar Decken oder Tücher,
um sich einen intimen Platz
zu schaffen.

montieren Sie ein stabiles Brett auf vier Möbelräder, Kübel mit einer ausladenden Pflanze darauf und dann den schönsten Platz im Garten wählen. Dort schieben Sie Ihren Sichtschutz so hin, dass Ihr geschützter Blick zum Himmel fallen und sich den Wolkenschäfchen widmen kann. Ach ja, zum Bepflanzen eignet sich am besten *Fargesia murielae* – der Schirmbambus. Nett ist er mit seinem frischgrünem Laub und dem dichten Wuchs. Mit 2–3 m Höhe ist er ein Zwerg unter den Bambus und sicher erzählt er Ihnen leise rauschend eine Geschichte, aus seiner Heimat ...

Lavendelblau

Doch eine besondere Pflanze sollte immer Ihre Ruhe begleiten, meine gute Träumerpflanze, der Lavendel. Schon Hildegard von Bingen, die berühmte Kräuterkundige, schätzte ihn über alle Maßen. Er hat einen starken, charakteristischen Duft, mit dem er beim Entspannen hilft.
Am besten gedeiht der Lavendel an einem sonnigen, windgeschützten Standort auf kalkhaltigem, lehmig-humosem, sandigem Boden. Ist es dann Spätsommer schneide ich über dem alten Holz ein Drittel der Pflanzenhöhe zurück. Das fördert ein buschiges Wachstum und schenkt mir viel Material für die Duftsäckchen, die dann im Winter meinen Schlaf behüten.

Genug geruht.
Nun bin ich erfrischt
für ein wenig Action!

Gutes für mich : Haben Sie bisher nichts Passendes unter meinen Ideen gefunden, dann bleibt nur eins: Hängen Sie ein altes Bett in einen stabilen Baum. Das ist unheimlich schön anzuschauen – und gestört werden Sie dort sicher nicht. Aber bitte nicht runterfallen ...

Ich teile meine mit

Stauden Freunden

Glück soll man teilen, deshalb hole ich mit der Grabegabel ältere Stauden aus der Erde und spritze – upps, eine ganz schöne Wutzerei – den Wurzelballen mit einem Wasserstrahl ab. So erkenne ich den Ballen besser. Nach dem Teilen verschenke ich eine Hälfte, die andere pflanze ich wieder ein.

Stauden teilen:
Halbieren, vierteln,

verschenken und tauschen
bringt Kunterbuntes
in den Garten.

Und Sie wissen ja, geteilte
Freude ist doppelte Freude.

*→ Nicht nur Staudenhälften und -viertel verschenke ich,
sondern auch Blumensträuße aus meinem Garten ...*

Mein Blumenstraußgarten

*Sonnig Gelb ist die Farbe des Sommers. Sonnenblumen, Sonnen-
hut und Mauerpfeffer tragen ein gelbes Kleid, Taglilien schaukeln
gelb in der leichten Brise. Traumhafte Sträuße schenkt uns nun
auf verschwenderische Weise der Garten.*

Ein Geschenk für mich selbst

Wenn mich sehr früh morgens ein Sonnenstrahl wach kitzelt, ist der beste
Zeitpunkt in den Garten zu gehen und mich selbst zu beschenken. Wohliger
kann kein Tag beginnen, Tautropfen glitzern noch auf dem Gras und auch die
Spinnennetze sind noch nass. Solch ein schöner Sommermorgen verwandelt
all die kleinen Sorgen in hoffnungsvollen Tatendrang: Barfuß gehe ich zu meinen Blumenrabatten und schneide mir Blütenträume fürs Haus. Dann ist eine
wohlige Seeligkeit in mir, ich fühle mich geerdet.

**WENIG ARBEIT,
VIELE BLUMEN**

Diese einjährigen und zwei-
jährigen Sommerblumen säen
sich selbst aus:
› Atlasblume
› Bechermalve
› Duftsteinrich
› Elfenspiegel
› Gauklerblume
› Kalifornischer Mohn
› Kornblume
› Kugelamaranth
› Leberbalsam
› Levkoje
› Löwenmäulchen
› Männertreu
› Mittagsgold
› Ringelblume
› Rittersporn
› Schmuckkörbchen
› Sommeraster
› Sterntaler

Blumen, Blumen, Blumen ...

In meinem Blumenstraußgarten tummelt sich alles, was gerne vom Garten ins
Haus kommen mag: Balsaminen, Malven, Jungfer im Grünen, Fuchsschwanz,
Levkojen, Löwenmäulchen, Ringelblumen, *Reseda*, Schleierkraut, Cosmea,
Astern, Sonnenblumen, Strohblumen, Wicken, Zinnien, Zier-Tabak ... Diese
traumhaften, Vasen füllenden Blumen sind einjährig und fordern damit jedes
Frühjahr erneut eine Kinderstube, während Tausendschön, Bart-Nelken,
Fingerhut, Goldlack, Hornveilchen, Silberblatt, Königskerzen, Mariendis-
teln, Marien-Glockenblumen, Muskateller-Salbei, Nachtkerzen, Nachtviolen,
Stockrosen, Stiefmütterchen und Vergissmeinnicht zweijährig sind. Sie stehen
nach einem Sommer Kinderstube erst im zweiten Jahr auf eigenen Füßen
und erblühen dann in größter Schönheit. Doch es hört sich nach mehr Arbeit
an, als es ist: Meine Pflanzenfreundinnen für die Kaffeetafel verbreiten sich
oftmals völlig leise und ganz von allein.
Noch einfacher machen's mir meine Freundinnen, die Stauden, die stets ein
Blumenlächeln ins Haus bringen. In dem fast unüberschaubar großen Sorti-
ment an Gartenstauden machen mir diese in meinem Blumenstraußgarten am
meisten Freude: Feder-Nelken, Fetthennen, Herbst-Astern, Indianernesseln,
Karthäuser-Nelken, Lampionblumen, Lupinen, Märzenbecher, Maiglöckchen,
Margeriten, Türken- Mohn, Phlox, Schafgarben, Sonnenaugen, Sonnenhut,
Taglilien und Veilchen.
Für den Blumenstraußgarten eignen sich auch Zwiebelblumen. Ich mag sie
alle, die Anemonen, *Alstroemeria*, *Agapanthus*, Begonien, *Canna*, *Calla*, Dahlien, *Liatris*, Montbretien und und und ...
Ein Wort zu den Lampionblumen, auch Blasenkirsche genannt. Diese Pflanze
ist ein Konquistador. Hat man sie einmal im Garten, können Sie sich auf eine

Links:
Taglilien gehören zu den un-
kompliziertesten Stauden im
Garten, ich teile und pflanze sie
in der Regel vor Ende Mai oder
nach der Blüte.

Alle Taglilienblüten sind
essbar und dekorieren Speisen
auf hübsche Weise.

Invasion einrichten. Aus winzigen, fast schon lächerlich kleinen Wurzelstü-
cken kommen ständig neue Pflanzen hervor. Aber trotzdem sollte man nie
Nein zur Lampionblume sagen. Denn das wirklich Wundervolle an ihr sind
nicht die Blüten, nein, es sind die Lampions. Pflücken Sie die Stängel mit den
Lampions, wenn die untersten rot sind; sonst hat sich die erste Laterne schon
in ein braunes spinnennetzähnliches Gebilde aufgelöst, wenn sich die letzte
endlich verfärbt. Entfernen Sie die Blätter (braucht manchmal etwas brachi-
ale Gewalt) und hängen Sie die Stängel zum Trocknen auf. Sie werden die
schönsten Begleiter für jeden trockenen Strauß.

Maulwurfgeschichten

Das Einzige, was mein sonst so friedfertiges Blumengärtchen wütend machen
kann, ist der Maulwurf. Ich erkläre dann meinen Blumen, dass seine Besuche
zu ihrem Besten seien, denn er würde alle Angreifer im Untergrund vernich-
ten. Doch nein, sie beklagen sich darüber angehoben zu werden und dabei
den sicheren Stand zu verlieren. Da hilft nur das Vertreiben. Das geht eigentlich ganz einfach: Der Maulwurf mag nämlich keinen Lärm. Darum laden Sie
Freunde ein, feiern Sie lang und laut und oft – und den Rest der Zeit bitten Sie
Kinder in Ihren Garten, die dem Maulwurf Geschichten vorlesen. So wird er
verschwinden ...

Gutes für meinen Garten: Maulwürfe sollten Sie nicht ärgern. Die Erde,
aus denen die aufgeworfenen Hügel bestehen, ist die beste Anzuchterde der
Welt. Füllen Sie die Erde von den Hügeln in eine große Backform und machen
sie steril, indem Sie sie für kurze Zeit im Backofen bei 100 °C erhitzen. Nach
dem Abkühlen ist sie bereit für die kleinen Samenkörner.

Oben:
Am schönsten sind frisch
geschnittene Sträuße aus
dem Garten.

Sommer in der Blumenvase

Oben rechts:
Alle Rosen schneide ich
nochmals an, bevor sie
in die Vase kommen.

*Jeder Blumenstrauß macht mir bewusst, dass alles vergänglich
ist. Denn das Pflücken bedeutet für die Blumen ein schnelleres
Vergehen. Darum schneide ich die Blumen mit Umsicht, schließlich soll mich der Blumenstrauß ja möglichst lange erfreuen.*

Vom richtigen Schnittzeitpunkt

Jede Blume hat ihren eigenen optimalen Schnittzeitpunkt, den Sie am besten
der längeren Haltbarkeit wegen einhalten. Eine grobe Orientierung für diesen
bekommen Sie, wenn sie die Blütenform anschauen: Doldenblütler wie Schleierkraut oder Schafgarbe werden gepflückt, wenn die Blüten voll geöffnet sind.
Korbblütler wie Chrysanthemen oder Astern sollten Sie pflücken, wenn zwei
bis drei Röhrenblütenkreise (das sind die inneren, unscheinbareren Blüten;
die Blüten außen mit dem einzigen langen zungenförmigen Blütenblatt heißen Zungenblüten) geöffnet sind. Rispenblütler wie Eisenhut (Vorsicht, nur
mit Handschuhen anfassen, sehr giftig!) und Rittersporn schneiden Sie, wenn
etwa ein Fünftel der Blüten geöffnet ist. Bei Rosen hängt der beste Schnittzeitpunkt davon ab, ob die Blüte gefüllt oder ungefüllt ist. Ungefüllte Rosen werden geschnitten, wenn die Knospen gerade aufbrechen, während Sie gefüllte
Rosen später schneiden, nämlich wenn sie gerade erblühen.

Die Blütezeit verlängern

Auch dazu gibt es ein paar wirkungsvolle Tipps. Schneiden Sie Blumen nie
mals in der flirrenden Mittagshitze, aber auch nicht bei Regen. Auch wenn die
Minzen, egal ob sie Pfeffer- oder Zitronen- heißen, herrlich zu den meisten
Sträußen passen, sollten Sie sie nur allein in einer Vase präsentieren – sonst
welken die anderen Blumen viel zu schnell. Schneiden Sie die Enden der Blu-
menstiele vor dem Einstellen in die Vase nochmals schräg mit einem scharfen
Messer nach. Ganz wichtig: Entfernen Sie alle auch noch so schönen Blätter,
wenn sie ins Wasser ragen. Übrigens: Den meisten Blumensträußen bekommt
es auch nicht, wenn sie direkt im Sonnenlicht stehen. Dann heißt es nur noch
ein wenig nachhelfen: Verblühtes regelmäßig entfernen und erfrischendes
Wasser täglich erneuern. So gewappnet haben Sie lang etwas an Ihrem
Blumengruß.

Schön dekoriert in der Vase –
ein echter Hingucker.

Vergessene Schönheiten

Erfreuen kann ich mich fast unendlich über fast vergessene Schöne, die
Immortellen. Immortelle kommt aus dem Französischen und heißt übersetzt:
Unsterbliche. Ihr Name erinnert an eine Eigenschaft, die die Immortellen
haben: Sie besitzen unverwelkliche, strohige und großköpfige Blüten und
kommen getrocknet und gefärbt als Strohblumen auf den Markt. Zu den
Immortellen zählen mehrere Pflanzengattungen wie etwa *Gnaphalium*, *Gom-
phrena*, *Xeranthemum*, *Ammobium* und insbesondere *Helichrysum*. Diese Blüten
behalten auch in getrocknetem Zustand über lange Zeit ihre Form und Farbe.
Darum haben diese kleinen Blumen den großen Namen Unsterbliche auch
wahrhaft verdient. Der beste Schnittzeitpunkt ist, wenn die ersten Kelchblätt-
chen abstehen. Das gilt auch für die anderen Blumen, die ich gern für meine
unendlichen Sträuße ernte: Edeldisteln, Lampionblumen, Lupinen, Meerlaven-
del, Rittersporn, Schleierkraut und Rosen. Auch sie lassen sich einfach trocknen.
Doch nicht allein Blüten und Blumen machen einen Strauß attraktiv, auch der
Lauf des Lebens von der Blüte bis zur Frucht schenkt Dekoratives, die Balgfrüchte
von Akelei, Rittersporn und Trollblume, Kapseln von Mohn und Schwertlilie oder
die Samenstände von Muschelblume, Skabiose und Sonnenhut.

TROCKEN UND FRISCH
IN DER VASE

Wenn Sie Trockenblumen mit
frischen Blumen in eine Vase
tun möchten, müssen Sie die
getrockneten Blumenstängel
durch Lack oder Eintauchen in
geschmolzenes Wachs vor dem
Verfaulen schützen.

Was für ein Unsinn: Kennen Sie diese „tollen" Tricks und Tipps, wie
Stiele mit dem Hammer weich schlagen oder mit einem Feuerzeug ansen-
gen? Alles Quatsch! Das Anklopfen holziger Stiele mit einem Hammer wie es
oft bei Flieder und anderen verholzten Blütenzweigen für die Vase gemacht
wird, ist Unsinn. Dabei vergrößern Sie nicht die wasseraufnehmende Fläche,
sondern zerstören viele Zellen, die dann die Leitungsbahnen verstopfen. Das
gequetschte Gewebe bietet zudem sehr viel Nahrung für Mikroorganismen,
die zum schnelleren Verwelken führen. Und Stiele mit einem Feuerzeug zu
traktieren hat auch wenig Sinn, denn dann kann die Blume kein Wasser mehr
aufnehmen.

Ein Schritt raus auf den Balkon entführt mich auf eine Duftreise in Tausendundeinenacht ...

Schwebende Gärten: Balkonien im Trend

Duftpflanzen sind in, ähnlich wie Gewürzpflanzen. Welch ein züchterischer Irrtum war es doch, immer nur auf Blüte und Krankheitsresistenz zu gehen. Wovon sollen wir auf Balkon und Terrasse träumen, wenn kein Duft die Nase erreicht?

Balkonträume für Schnuppernasen

Wie gut, dass wir sinnliche Wesen sind – und der Geruchssinn gehört zu einem der schönsten Sinne. Um in den stimulierenden Genuss von duftenden Pflanzen zu kommen, muss man nicht unbedingt Gartenbesitzer sein. Auch in die schwebenden Gärten ziehen pflanzliche Wohlgerüche ein. Ob Balkonkästen, Hanging Baskets oder Pflanzsäcke, alles können Sie bepflanzen – am besten der Sonne entgegen. Denn im direkten Sonnenlicht steigt der Anteil der ätherischen Öle in der Blüte und der Duft entwickelt sich am intensivsten. Ein Kübel auf Balkon oder Terrasse kann die Welt verändern. Viele unserer ausländischen grünen Freunde tragen ein geradezu betörendes Parfum, allen voran die *Datura*, nicht ohne Grund Engelstrompete gerufen. Die großen weißen, gelben oder zartrosafarbigen Blüten setzen in der Dämmerung wahre Duftwolken frei. Schenkt man ihr die Nachbarschaft von Bleiwurz, Orangenblume und Klebsamen entschweben unsere Sinne in den Dufthimmel ...

Pelargonien, die Botschafterinnen der Vielfalt

Ganze Duftsinfonien verbreiten die Pelargonien, die oft auch unter dem Künstlernamen Geranien bekannt sind – nicht über die Blüten, wie Sie vielleicht zuerst denken, sondern über die hübschen Blätter. Was für eine Vielfalt von der Ananasduft-Pelargonie, Apfelduft-, Balsamduft- und Bitterorangen-Pelargonie über die Eichenlaub-, Gewürzduft- und Ingwerduft-Pelargonie sowie Lemongras-Pelargonie bis zur Mentholduft-, Muskat- und Orangenduft-Pelargonie sowie Pfefferminz-, Pfirsichduft-, Pinienduft- und Rosenduft-Pelargonie. Und das sind längst nicht alle; da bleibt kein Näschen unberührt. Hungrig sind sie, denn alle Pelargonien gehören zu den Starkzehrern und benötigen viel, sehr viel Futter. Neiderfüllt schaue ich auf unsere süddeutschen Nachbarn, auf deren Balkonen Geranien atemberaubend üppig gedeihen. Das Geheimnis dieser überbordenden Schönheit soll ins Gießwasser gelöster Kuhmist sein plus Pferdeäpfel als Fußwärmer im Kasten. Da ich weder Kuh noch Pferd habe und auch keinen Hof in der Nähe, muss ich bedauerlicherweise auf pure Natur verzichten und industriell Gefertigtes düngen. Als Grunddüngung nehme ich einen organischen Dünger aus Maiskeimen. Füttere aber dann immer einmal in der Woche mit einem flüssigen biologischen Dünger, bestehend aus Auszügen nachwachsender Pflanzen, biologischen Bodenhilfsstoffen und einer homöopathischen Lösung. Schönheit braucht schließlich Kraft.

'Mini Famous Double Pink' ist das erste gefüllt blühende Zauberglöckchen in dieser knalligen Farbe.

Oben:
Ob Hanging Baskets oder Kunst-
stoffsäcke: So können Sie Ihren Balkon in ein Blütenmeer verwandeln.

Unten:
Ob groß oder klein, in schwebenden Gärten hat jede Blüte
ihren großen Auftritt.

Kennen Sie einen Streicheltrog?

Wer die Vielfalt liebt, sollte nicht an den doch so reizenden Duft-Pelargonien
schnuppernd hängen bleiben. Ein Streicheltrog, direkt neben dem Liegestuhl,
ist Verführung pur. Schnell bepflanzt mit einer Rasen-Kamille, der Korsischen
Minze, Thymian-Arten wie *Thymus pseudolanguinosus* und *Thymus serphyllum*
sowie Wollziest (*Stachys byzantina* 'Big Ear'). Ganz nebenbei können Sie dann
über die duftenden Pflanzen streichen oder ein abgerissenes Blatt zwischen
den Fingern zerreiben.
Zur Entspannung gestalten Sie noch einen zweiten Topf, einen Dufttrog mit
Ihren Lieblingskräutern. In meinem wachsen Sand-Thymian (*Thymus serphyllum*) und Zitronen-Thymian (*Thymus × citriodorus*) zusammen mit Teppich-
Polei-Minze (*Mentha pulegium* 'Nanum') und Lavendel-Thymian (*Thymus
thracicus*). Damit sie sich pudelwohl fühlen, habe ich ihr Substrat durch
Hinzugeben von einem Drittel Sand ein wenig abgemagert.

BELEUCHTET: DÜNGER

Mehrnährstoffdünger sind
Dünger, die mehrere Nährstoffe
(Stickstoff, Phosphor, Kalium
etc.) enthalten. Erfahrungs-
gemäß sind die Gartenböden
aber meist überversorgt, sodass
man sich auf eine Düngung mit
etwas Kompost und Mulchen
mit Rasenschnitt beschränken
kann. Und überhaupt ist mir
ein natürlicher Kräfteschub
tausendmal lieber.
Auf Spezialdünger für einzelne
Kulturen, wie Tomaten-, Tan-
nen-, Stauden-, Erdbeer- oder
Geraniendünger, können Sie
guten Gewissens verzichten. Sie
bringen laut der Gartenakademie Rheinland-Pfalz im Garten
keinerlei Wachstumsvorteile.

Gutes für mich und meinen Balkon: Schon mal an einer sonnengereiften
Tomate gerochen? Vielleicht bekommen Sie ja Lust auf ein paar kleine, aber
feine Tomaten? Klein zu sein hat nämlich auch Vorteile. Das beweisen die
gedrungen wachsenden Topf-Tomaten, die nur 50 – 80 cm hoch werden. Sie
tragen sich selbst, brauchen nicht entgeizt zu werden und beenden nach dem
dritten oder vierten Blütenansatz ihr Wachstum. Sie können die Topf-Tomaten
gut in größeren Töpfen ziehen und bequemer als hohe Stabtomaten vor
ungünstiger Witterung schützen, zum Beispiel vor der Schafskälte.

Der Müslibalkon …

… ist genau das Richtige für mich. Eine Handvoll unschlagbar Frisches jeden Morgen zu den Haferflocken lässt mich immer gut aussehen. Und wer sagt, dass man Müsli nur zum Frühstück essen darf?

Ein paar Beerchen am Morgen, vertreiben Kummer und Sorgen.

Im Kübel nicht übel: Johannis-, Stachel- und Heidelbeeren lassen sich bestens in mittelgroßen Gefäßen ziehen. Damit der Balkon zu Höchstform aufläuft, wählen wir die richtigen Sorten. Als roten Superstar geht bei mir die Johannisbeere 'Rovada' an den Start und bei den schwarzen die sehr ertragreiche 'Titania' mit langen schweren Fruchtständen. Um verletzungsfrei den vollen Genuss der Stachelbeere zu bekommen, nehme ich die stachellose Sorte 'Pax'. Und zum großen Glück gibt es 'Elisabeth', die unglaublich starke Heidelbeere. Göttliche Himbeeren liefern uns bis zum Frost die Sorten 'Schönemann' und 'Autumn Bliss'. Auch die Vertikale soll Leckeres fürs Müsli liefern, kampflos ergibt sich die stachellose Brombeere 'Thornless Evergreen'.

Erdbeeren pflanze ich sehr dekorativ in meine Blumenkästen und wähle für den längsten Genuss remontierende Sorten. Zugegeben, die Früchte sind bei den mehrmals tragenden kleiner als bei den einmal tragenden, aber die Erntesaison verlängert sich deutlich. Täglich eine Handvoll fürs Müsli liefern die Sorten 'Ostara', 'Rapella' und 'Rimona' oder die edle 'Mara de Bois' mit sehr gutem Geschmack. Herrscht bei Ihnen auf dem Balkon ein rauer Wind ist 'Evita robust' die richtige Wahl.

Auch Tafeltrauben, Feigen und Zitrus sind kein Problem auf dem Balkon, sie bringen auch noch den Süden mit. Bei den Äpfeln passen die besonderen Ballerinas, langbeinig und schlank, auf jeden Balkon. Je nach Geschmack kommen für Sie 'Rhapsodie' und 'Sonate' (säuerlich) in Frage, während 'Rondo' süß-säuerlich und knackig mit wirklich gutem Geschmack ist. Witzig wird es mit 'Pompink' und 'Pomforyou' – beide kitzeln süß-säuerlich die Zunge.

Mein Power-Müsli
für den ganzen Tag

· 01 ·

Die Keimlinge werden kurz mit heißem Wasser blanchiert. Dann schneiden Sie die Äpfel in kleine Stücke und beträufeln Sie sie mit Zitronensaft.

· 02 ·

Rühren Sie den Joghurt mit Milch glatt und süßen Sie ihn mit Honig oder Sirup.

· 03 ·

Nun heben Sie die Apfelstückchen und die leckeren Beeren unter den Jogurt und geben die Weizenkeimlinge, Haferflocken und Walnüsse dazu.

Das reicht für die ganze Familie!

Noch eine leckere Variante: Besonders bekömmlich ist ein warmer Getreidebrei am Morgen. Dazu Butter in einer Pfanne erwärmen, körnige Vollkornhaferflocken mit Sonnenblumenkernen leicht anbraten, danach die Keimlinge und die Apfelstückchen dazugeben. Alles ein wenig weiter braten, hmm das duftet herrlich. Und dann warm mit Joghurt oder einfach so essen.

ZUTATEN:

150 g frische Weizenkeimlinge
2–3 Äpfel
Saft einer Zitrone
250 g Joghurt
4 EL Milch
1 EL Honig oder Sirup
1 Handvoll frische Beeren
100 g kernige Haferflocken
2 EL gehackte Walnüsse

So lecker gestärkt kann mein Pflanzentag beginnen.
Heute widme ich mich den grünen Schätzen drinnen.

Meine Zimmerpflanzenlieblinge

Karnivoren, wie die fleischfressenden Pflanzen auch heißen, müssen daran schuld sein, wenn plötzlich die Großmutter verschwunden oder die Katze nicht mehr zu finden ist. Oder etwa doch nicht? Sind sie gar besser als ihr Ruf?

Animalisches auf der Fensterbank ...

Für mich sind fleischfressende Pflanzen genial. Als hoch spezialisierte Wesen kommen die allermeisten auf extrem nährstoffarmen Böden vor. Sehr bescheiden wie sie sind, können sie aber von ihrer Fähigkeit profitieren, sich durch den Fang von Tieren zusätzliche Nährstoffe zu erschließen. Insbesondere Stickstoff, Phosphor und Schwefel – typische Pflanzennährstoffe – entziehen sie ihrer Beute, die sie auf vielerlei, aber immer höchst raffinierte Weise fangen. Ich darf Sie an dieser Stelle beruhigen, Sie müssen nicht unbedingt mit Fliegen und Co. zufüttern.

Da fleischfressende Pflanzen wie alle anderen Pflanzen auch Fotosynthese betreiben, überleben sie auch ohne tierische Beikost. Aber sie wachsen und blühen besser, wenn sie hin und wieder eine Fliege bekommen – und Spaß macht es ja auch, die Pflanzen zu verwöhnen. Mir juckt es regelrecht in den Fingern, vorsichtig über die aufgeklappten Blätter der Venusfliegenfalle zu streifen und mich nicht beißen zu lassen. Doch das sollten Sie nicht zu oft machen, denn für die Pflanze ist das Schließen der Klappfalle richtig Arbeit. Ich habe gestaunt, als ich erfuhr, dass jede Falle sich nur achtmal schließen und sogar höchstens dreimal Beute verdauen kann. Danach stirbt sie ab und macht einem frischen Blatt Platz. Bekommt die Venusfliegenfalle immer nur Streicheleinheiten und kein Futter, hungert sie sichtlich – und das tut nur uns Menschen ab und zu gut.

Am besten stellen Sie die fleischfressenden Pflanzen an ein Fenster, ohne direkte Sonneneinstrahlung am Mittag. Sie lieben es zwar sehr hell, wollen aber keinen Sonnenbrand. Und dort summen auch die meisten Fliegen rum. Da Karnivoren es kuschelig warm und feucht mögen, ziehen sie, gleich einem Goldfisch, gern in ein bauchiges Glas ein. Denn meine kleinen Freunde lieben große Töpfe, da das Mehr an Erde für sie einen sehr guten Puffer gegen die Trockenheit darstellt. Ihren Durst stille ich mit weichem Wasser, am besten mit Regenwasser. Gibt es keine Fliegen, die sich opfern, besprühe ich meine Lieblinge mit Milch. Milch enthält Eiweiße (Proteine), die ja bekanntermaßen Stickstoffverbindungen sind. Über die Tentakel nehmen die Pflanze den Stickstoff auf und werden so auf einfache Weise gedüngt.

Von Zeit zu Zeit machen meine Karnivoren Urlaub. Das heißt, in der frostfreien Zeit stelle ich die Pflanzen halbschattig in den Garten hinaus. Da fliegen ihnen die Insekten dann direkt in die Falle, das muss für sie wie im Schlaraffenland sein.

NOCH MEHR KARNIVOREN

› Die Fliegenfalle (*Dionaea muscipula*) von der nordamerikanischen Ostküste liebt Sonne, weiches Gießwasser und stets feuchte Erde.

› Die tropische Kannenpflanze (*Nepenthes*) liebt es warm und feucht. Um Kannen auszubilden, benötigt sie hohe Luftfeuchtigkeit.

› Die Schlauchpflanzen (*Sarracenia*) können recht groß werden, weshalb man sie öfters umtopfen sollte. Besonders die großen Pflanzen brauchen in den Sommermonaten sehr viel Wasser.

Links:
Die Heimat der Venusfliegenfalle (*Dionaea muscipula*)
ist die Ostküste der USA.

Als Topfpflanze ist die Blaue
Passionsblume (*Passiflora
caerulea*) am bekanntesten, sie
ist auch für das Zimmer am
besten geeignet.

... und Spirituelles

Ganz anders verhält sich die *Passiflora*. Sie ist niemals räuberisch, eher spiritu-
ell. Denn der botanische Gattungsname der Passionsblume (vom lateinischen
passio: Leiden und flos: Blume) verweist auf die Passion Christi. Dies erklärt
sich aus der Beschreibung der Merkmale dieser Pflanzengattung, besonders
ihrer Blüte, die religiös gedeutet wurden: Die Nebenkrone wurde als Dornen-
krone interpretiert, die fünf Staubblätter als Wundmale, die drei Narben als
Kreuznägel und die Sprossranken als Geißeln. Auch der Artname *incarnata*
weist in diese Richtung, bedeutet er doch die Fleisch Gewordene.
Passionsblumen umgibt die Aura des Besonderen. Wenn ich mich in ihre Blü-
ten vertiefe, löst das eine große Dankbarkeit für die Schöpfung aus. Oder die
Genetik. Denn immerhin umfasst diese Gattung erstaunliche 400 Arten.
Allein kann ich eine Passionsblume nicht tragen, denn sie schafft es bis in 8 m
Höhe. Im Zimmer bändige ich sie mit einem Ring, der einen Durchmesser von
20 – 30 cm hat. Er dient als Rankhilfe, um den ich die Pflanze in mehreren
Windungen wickele. So kommt sie nicht auf die Idee, invasiv mein ganzes
Wohnzimmer in Beschlag zu nehmen. Das würde sie ohne diesen Bändiger
tun, denn optimal gepflegt im hellen bis sonnigen Zimmer bei immer feuchter
Erde und einer Düngergabe pro Woche ist sie so pflegeleicht wie kaum eine
andere. Und so freue ich mich, dass sie es mir leicht macht – und manchmal
schenkt sie mir sogar eine Frucht, aus deren Samen ich Hunderte von kleinen
Passifloren ziehen kann.

Ich fange mir die Sonne ...

... wenn es heiß ist draußen im Garten. Die heißesten Tage im Jahreslauf gibt es meist an den Hundstagen zwischen dem 23. Juli und dem 23. August. In diesen Wochen steht die Sonne in der Nähe des Sirius, dem Hundsstern. Vor und nach dieser heißen Phase ist die schönste Zeit des Sommers, die Wochen der süßen, warmen, goldenen Leichtigkeit. Es ist die Zeit, in der der Tag einem wie warmer Honig durch die Hände fließt.

Die Sonne taucht die Blumen in meinem Garten in sonnigste Farben. Steppenstauden geben den Gräsern auf ihren eleganten Stängeln den leichten Tanz des Windes vor. *Calla*, Lilien, Indisches Blumenrohr und die anderen Zwiebeln des Sommers zaubern reichlich Farbe ins Beet. Sanft und warm tanzen die Blumen nach der Melodie des Sommers. Schmetterlinge treffen zuhauf ein auf den violetten Blüten der Buddleja. Die Sonnenblumen lächeln im Takt der Uhr der Sonne hinterher. Bunte Wiesen laden ein, sich mit frischen Früchten zu einem Picknick niederzulassen oder einfach nur dem Zirpen der Grillen zu lauschen. Man könnte fast sagen, ein Spektakel findet draußen statt, wenn es nur nicht so luftig leise wäre ...

Ist dieses heiter-leichte Lebensgefühl nicht schon Geschenk genug? Für den Sommer nicht, denn er beschenkt uns noch mehr: Sein Füllhorn ist mit Blumen und Früchten aufs Üppigste gefüllt, sein Name steht für Fruchtbarkeit, Reichtum und Überfluss. Ich liebe den Sommer, wenn ich in der flirrenden Mittagssonne den Sommerblumen zuschauen und dank langer Tage auch abends den Garten pflegen kann.

*Weil ich meine Blumen so mag,
sorge ich gut für sie.*

Nahrung und Schutz für meine Pflanzen

*Es geht nichts über gesunde Ernährung, bei uns
Menschen und auch bei den grünen Mitbewohnern.
Natürliche Ernährung mit Kompost und selbst an-
gesetzte Jauchen heißen hier die Zauberworte.*

Der Rainfarn wächst
bevorzugt am Weg- und
Waldrand, auf Wiesen und
Schuttplätzen und in
lichten Gebüschen.

Ich stärke meine Blumen und Bäume

Angesichts der Heerscharen durch den Garten ziehender
Sporen achte ich stets darauf, dass meine Pflanzen gestärkt
und selbstbewusst sind. Denn Pilze, Schaderreger und
Schädlinge können nur schwächelnde Pflanzen angreifen,
etwa weil sie wegen zu viel Stickstoff ihre ganze Kraft in der
Produktion von Blattmasse vergeudet haben.

Wahre Stinker machen Pflanzen stark

Pflanzenjauchen sind hauptsächlich gesundheitsstärkende
Flüssigdünger. Zur Herstellung einer Jauche brauchen Sie
Mut und 1 kg frisches oder 100–200 g getrocknetes Pflanzen-
material, das man mit 10 Liter Wasser bedeckt und rund zwei
Wochen vergären lässt. Gut ist, wenn Sie das Ganze zweimal
täglich umrühren.
Beim Gären bilden sich keine sehr angenehmen Gerüche.
Um ehrlich zu sein, es stinkt gewaltig. Oh, das gibt oft Stress
mit den Nachbarn. Wenn Sie darauf liebend gern verzichten
möchten, geben Sie einen Esslöffel Gesteinsmehl pro 10 Liter
Jauche hinein, das mildert den Geruch.
Für die Jauche bieten sich verschiedene Pflanzen an, die
gemäß ihrer unterschiedlichen Inhaltsstoffe auch unter-
schiedlich wirken. Diese Jauche-Pflanzen wachsen bei mir
übrigens im Zaubertrankgärtchen (siehe Seite 62).
Die Jauche ist fertig, wenn sich die Pflanzenteile am Boden
absetzen. Dann können Sie die Flüssigkeit mit wachsender
Begeisterung 14-tägig im Verhältnis 1:10 mit Wasser verdünnt an die Pflanzenwurzeln gießen. Alles, was sich am
Boden des Ansatzgefäßes abgesetzt hat, wird Direktfutter für
den Kürbis.

GRÜNE MULTITALENTE FÜR JAUCHEN

› Brennnesselblätter: als
  Dünger, zur Pflanzenstärkung
  und Förderung der Pflanzen-
  gesundheit
› Beinwellblätter: Kalidünger
› Holunderblätter: Abwehr von
  Wühlmäusen
› Ringelblumen (Blüten, Blätter
  und Stängel): stärkt die
  Gesundheit, Wachstum und
  Abwehrkraft
› Rainfarn (Blüten, Blätter und
  Stängel): gegen Schadinsek-
  ten, Vorsicht giftig!
› Rhabarber (Blätter und Stän-
  gel, siehe Seite 63)

Wegen seines hohen Gehalts an Kieselsäure wurde der Acker-Schachtelhalm früher zum Putzen von Zinn verwendet, daher ist die Pflanze auch als Zinnkraut bekannt.

Sanfte Stinker gibt es auch

Pflanzenbrühen sind die sanftere Form der Jauchen. Und weil sie zärtlicher zu den Pflanzen sind, dürfen sie auch direkt aufs Blatt gespritzt werden. Auch Brühen machen Pflanzen stark, sie sind ein guter Coach gegen Schädlinge und Pilzerkrankungen. Sie lassen sich ganz einfach herstellen: Sie zerkleinern 1 kg frische oder 200 g getrocknete Kräuter, gießen mit 10 Litern Wasser auf, sodass die Kräuter bedeckt sind, und lassen den Ansatz über Nacht stehen. Nun fülle ich je 1 Liter ab und lasse ihn eine halbe Stunde schwach köcheln, danach seihe ich ab. Die fertige Brühe wird 1:5 mit Wasser verdünnt. Einfach auf die Blätter sprühen und schon schütteln sich die Läuse …

Unschlagbarer Schachtelhalm

Erst seit ich von der enormen Kraft weiß, die Acker-Schachtelhalm in Brühen und Jauchen entfaltet, erfreut mich sein Anblick so richtig. Die Acker-Schachtelhalm-Brühe ist nämlich eine Wucht: Auf die Pflanzen gespritzt, hilft das universelle Zauberkraut gegen Blattfallkrankheit beim Beerenobst, gegen Blattfleckenkrankheit, gegen Braun- und Krautfäule bei Kartoffeln und Tomaten und gegen Echten Mehltau beispielsweise bei Stachelbeeren. Leider wirkt es nicht bei Gurken und auch nur gering bei Rittersporn. Weiterhin setze ich diese Brühe erfolgreich ein gegen die Kräuselkrankheit beim Pfirsich, gegen die Lauchmotte, gegen Monilia, Rost, Salatfäule, Sternrußtau und Schorf. Und nun der Knaller: Wenn ich 0,3 Prozent Schmierseife unter die Brühe mische, wirkt sie auch gegen Blattläuse und Spinnmilben! Und die unverdünnte, mit Lehm vermischte, cremige Acker-Schachtelhalm-Brühe ist ein guter Stammanstrich für Obstbäume. Damit wird vielen Pilzkrankheiten vorgebeugt.

Lust auf ganz viele Kräuter

Ein Wesen des Glücks ist es, Zusammenhänge in der Natur zu verstehen und sich die Herkunft der Nahrung bewusst zu machen. Wo können wir Kreisläufe besser wiedererkennen als im eigenen Garten?

Mein persönlicher Wunschzettel

Wenn ich nun diesen Gedanken des Glücks auf meinen Garten übertrage, beginne ich ein wenig zu planen. Belesen durch viele wundervolle Gartenbücher und -magazine, schreibe ich mir meine Wünsche auf: Mehr soll es werden, blühen muss es ohne Pause, wie ein olfaktorisches Feuerwerk duften darf es, dass die Nasenflügel vibrieren, und schmecken soll es, dass die kleinen Geschmacksnerven auf der Zunge vor lauter Wonne anfangen zu tanzen. Doch wie soll das alles funktionieren? Kurz nachgedacht und schon zaubere ich eine ganze Welt auf kleinsten Raum.

Eine Kräuterspirale muss es sein

Ein Platz in der Sonne und eine Grundfläche von ungefähr 3 m² reichen aus, um neue Welten im Garten zu erschaffen. Ich brauche Kraft, also esse ich vorher gut, und Material für die Kräuterspirale. Am schönsten sind die Steine der Heimat, wo niemals kleine Kinderhände billigste Importsteine aus Steinbrüchen gruben. Ich brauche also: Steine, Bauschutt, Sand, Gartenerde, einen Bottich oder Teichfolie.

Nun kann sie beginnen, die Erschaffung einer kleinen Welt. Noch besser wird der Bau, wenn Sie Freunde dazu einladen. Zusammen planen Sie den Grundriss, der auf dem Rasen oder Beet markiert wird. Dann können sie gleich die Rasensoden abstechen und, wenn Sie wollen, woanders einbauen. Dann graben Sie an der geplant tiefsten Stelle der Kräuterspirale den Bottich ganz ins Erdreich ein, damit er nicht geschmacklos herauslugt. Besser noch, weil größer und viel eleganter, gelingt die Wasserwelt am Fuß der Kräuterspirale mit Teichfolie. Dazu heben Sie eine Grube aus, legen sie mit Teichfolie aus und füllen sie zu drei Viertel mit Sand und einem Viertel mit Wasser (auch der Bottich wird so gefüllt). Diese Wasserwelt müssen Sie mit intelligenter Feinfühligkeit bauen, denn sie sollte nass wie ein Miniteich für Brunnenkresse und Wasserminze sein, aber auch eine Verbindung zum umgebenden Erdreich haben. Dort ist der Boden nicht richtig nass, aber feucht, humusreich und sonnig – ideal für Petersilie, Kerbel und Schnittlauch.

Vom Miniteich und der ihn umgebenden feuchten Zone ausgehend windet sich die Kräuterschnecke spiralförmig nach oben – diese Windungen bauen Sie aus Bauschutt und Steinen, aufgefüllt wird mit Sand und magerer Gartenerde. Achten Sie auf genügend Stabilität und befestigen Sie dazu die

Eine Kräuterspirale ist eine kleine Welt, in der sich Kräuter aus vielen Ländern auf kleinstem Raum wohlfühlen.

Seitenwände der Spirale mit Steinen. Warum? Das sind die Heizungen, die die Sonnenwärme speichern und über den Boden an die Pflanzen abgeben. Diese zusätzliche Wärme intensiviert das Aroma der Kräuter zum geschmacklichen Höhepunkt.

So erhalten Sie verschiedene Zonen, in denen sich verschiedene Kräuter wohlfühlen: An humos-trockenem Platz kuscheln Zitronenmelisse und Pimpinelle miteinander. Und ein Muss für an den letzten Urlaub erinnernde Geschmackserlebnisse ist die Mittelmeerzone: durchlässig, mager und trocken der Boden, eine gute Dränage wird durch Bauschutt als Füllmaterial unterstützt. Mischen Sie ein wenig Kalk unter für die kalkliebenden Mittelmeerkräuter wie Berg-Bohnenkraut, Thymian und Salbei.

Nebenbei noch ein wenig Fitness

Beim Bau einer Kräuterspirale fühlt sich Steine schleppen nicht nach Strafe, sondern nach Kalorienabbau an. Und dann der Genuss, wenn alles wächst und gedeiht! Für mich sind die reichen Ernten auf kleinstem Raum das Schönste einer Kräuterspirale.

Die Pflanzen dort bedürfen kaum der Düngung, ein wenig lebendigen Kompost, selten ein wenig organischer Dünger, denn – aufgepasst! – zu hohe Stickstoffgaben verringern die Würzkraft der Kräuter. Und sollte der Winter Ihren Kräutern zu sehr auf den Pelz rücken, decken Sie sie mit Reisig zu. Nur dem Rosmarin geben Sie Asyl, denn er will sich nicht den hiesigen Naturgewalten aussetzen.

Schneiden Sie Kräuter regelmäßig, das fördert den Wuchs.

Frisch geerntete Kräuter sortieren Sie am besten direkt nach der Ernte.

Mein Grundrezept: Eine reichliche Handvoll getrockneter Kräuter mit kochendem Wasser überbrühen, 20 Minuten ziehen lassen, dann den Sud ins Fußbad geben. Die Füße mindestens zehn Minuten darin baden. Wohltuend! Folgende Pflanzen eignen sich gut:

› Müde Füße: Kamillenblüten, Kalmus, Tausendgüldenkraut, Rosmarin, Pfefferminze
› Gelenkschmerzen: Arnikablüten, Rosmarin
› Wunde Füße: Eichenrinde, Salbei
› Fußgeruch: Lavendel, Rosmarin, Thymian
› Heiße Füße: Pfefferminze, Holunderblätter

Die Zeit der großen Ernten

Und nun bloß keine Sorgen machen, dass es auf einmal zu viele Kräuter werden! Für jedes Kräutlein gibt es viele Bestimmungen, so wie bei uns Menschen. Die einen lassen sich sehr gut trocknen, die anderen schenken uns als Tee eine Erinnerung an den letzten Sommer. Wieder andere lassen sich zu einem Kranz flechten und wir verweben darin unsere schönsten Gedanken.

Das Trocknen fängt schon beim Pflücken an. Ich ernte die Kräuter in der Hitze des Tages. Dann haben sie den höchsten Anteil an ätherischen Ölen. Die Sonne lasse ich schon einen Teil der Arbeit machen: Im luftdurchwehten Weidenkorb lege ich kleine, sortenreine Bündel zur Siesta. Nun beginnt der anstrengende Teil für die Kräuter: Sie müssen trocknen, mit den Füßen nach oben, leider ein wenig wie Folter, aber anders klappt es nicht. Nach einer Stunde, wenn sie etwas angetrocknet sind, bekommen sie von mir einen schattigen, gut durchlüfteten und trockenen Platz, an dem sie endgültig trocknen. Getrocknet werden am besten alle Kräuter, die Sie mitkochen, also Majoran, Oregano, Thymian, Beifuß, Liebstöckel. Einfrieren eignet sich besonders für Petersilie, Schnittlauch, Basilikum, Thymian, Estragon, Melisse und Dill. Sie kommen frisch in einen Gefrierbeutel und dann geht es ab in die Kälte. Manche Kräuter mag ich nicht als großes Ganzes aufbewahren: Die abgetrennten Blätter, Sprossspitzen, Blüten und Wurzelstücke von Melisse, Minze, Oregano, Wurzelpetersilie, Lavendel und Rosmarin breite ich maximal 2 cm dick auf einem Geschirrtuch aus, das ich auf einen Gitterrost lege. Bei 40 °C im Backofen etwa eine Stunde trocknen lassen. In die Backofentür klemme ich einen Kochlöffel, so kann die Feuchtigkeit von dannen ziehen. Und was kann ich aus den getrockneten Kräutern machen? Am einfachsten und wirklich sehr köstlich-aromatisch ist mein Kräutersalz: Ich mahle meine Lieblingskräuter zusammen mit Meersalz in einer Kaffeemühle fein und schon ist es fertig. Am meisten Freude machen mir die Kräuter, die ich in rauen Mengen verputze oder mit denen ich eine Wellnesskur mache. Kräutlein, Kräutlein an der Wand, wer ist die Schönste im ganzen Land? Die Zitronenmelisse! Sie ist lecker in Bowle, Salat und zu Früchten, als frischer Tee und ergibt zusammen mit Gänseblümchen eine wunderbare Gesichtsmaske, die gegen Hautunreinheiten und müdes Aussehen hilft. Genau das Richtige nach einem langen Drehtag!

Links:
Eine Kräutermaske macht
nicht nur schön, sondern auch
richtig Spaß.

Oben rechts:
Gänseblümchen wachsen auf
jeder Wiese, einfach pflücken
und ab in die Maske.

Meine Gänseblümchen-Gesichtsmaske

Dazu mische ich eine Handvoll frische, gehackte Zitronenmelisse, eine Hand-
voll gehackte Gänseblümchen und 1 EL Honig unter 150 g Joghurt. Diese
Maske lasse ich für etwa 15 Minuten auf Gesicht, Hals und Dekolleté einwir-
ken und spüle dann gründlich mit lauwarmem Wasser ab.
Wenn Sie schon einmal dabei sind und für Ihr wunderhübsches Antlitz sor-
gen, tun Sie auch etwas für glänzendes Haar, ein Zeichen von Jugend und
Fruchtbarkeit – zum Beispiel mit einer Salbei-Spülung. Um diese nachhaltige
Spülung herzustellen, benötigen Sie einen Teelöffel getrockneten Salbei, den
Sie mit 250 ml kochendem Wasser übergießen. Zehn Minuten ziehen lassen,
dann absieben. Die Spülung massieren Sie in das gewaschene Haar und die
Kopfhaut ein und lassen sie einige Minuten einwirken. Dann gründlich mit
Wasser ausspülen.

Wundermittel für Petersilie: Sie gedeiht nicht immer gut, in manchen
Gärten hat es die Petersilie schwer. Wenn selbst das Umsetzen von einem Beet
in ein anderes nicht hilft, gieße ich den Boden um die Pflanze mit Beinwell-
jauche, 1 : 10 mit Wasser verdünnt. Sie werden Ihr grünes Wunder erleben!

Generationswechsel mit knackigem Gemüse

Irgendwann kommt er, der Generationswechsel, und man merkt, dass das Leben endlich ist: Vorhersehbar ist das bei uns Menschen Gott sei Dank nicht, im Gemüsebeet schon. Einen guten Teil des leckeren Gemüses werden wir bald geerntet haben und die Lücken gehören gefüllt.

Gesundes für den Winter

Um wieder ernten zu können, sollten Sie rechtzeitig neu pflanzen und unbedingt säen. Einen hochgeschätzten Gemüsefreund möchte ich Ihnen für die zweite Generation sehr ans Herz legen: Winterportulak. Ihnen vielleicht auch bekannt unter den Namen Winterpostelein, Kubaspinat oder Tellerkraut. Solange die Temperatur beim Keimen nicht unter 12 °C fällt, können Sie ihn ab jetzt in Reihen aussäen. Ist er erst einmal da, ist er völlig unerschrocken: Der Winterportulak verträgt unter einer Abdeckung aus Reisig und Vlies ohne weiteres auch Frost unter -10 °C. Da kuschelt er ein wenig und wenn dann die Temperaturen 5–8 °C erreicht haben, beginnt er wieder zu wachsen. Besonders nett finde ich, dass er überall Vitamine liefert, nicht nur im Garten. Auch in Blumenkästen und Töpfen, sogar auf der Fensterbank, lässt sich der kleine, sehr attraktive Vitaminspender ziehen. Frisch in den Quark geschnitten, zur Folienkartoffel oder aufs Brot: super lecker. Doch damit nicht genug: Jetzt säe ich meinen Winterrettich 'Runder Schwarzer' und die Herbstrübchen aus. Völlig unkompliziert, im Hunsrück wird es schnell und lange kalt, wächst die mittelgroße, süße, weiße Herbstrübe 'Blac dur d'hiver'. Sie kann sogar über Winter draußen bleiben, bei starkem Frost decke ich sie einfach mit Reisig ab. Auch mein Lieblingsradicchio 'Roter Veroneser' muss jetzt gesät werden.

Plätzchen wechsel dich

Beim Nachpflanzen sollten Sie stets darauf achten, dass Sie nicht immer dasselbe Gemüse auf den abgeräumten Platz pflanzen. Kunterbunt darf es auf dem Beet sein: Späte Kohlrabi freunden sich mit der Zucchini an, die jetzt schon ein wenig löchrig ist, und Pak Choi und Chinakohl flüstern für das restliche junge Gemüse Unverständliches miteinander. Knoblauch will am liebsten zwischen die jungen Erdbeerpflänzchen gesteckt werden. Dann ist er im nächsten Frühjahr so prächtig wie die Schwarzwurzel. Wer so lecker ist, braucht seine Zeit – nicht aber die Radieschen 'Eiszapfen', 'Cyros' und 'Rodos', sie kugeln sich rund und das zuverlässig.

GRÜNDÜNGUNG TUT DEM BODEN GUT

Pro 100 m² Beetfläche sollten Sie folgende Mengen Saatgut einplanen:

Kreuzblütler:
› Liho-Raps, Senf: 200 g
› Öl-Rettich: 300 g

Korbblütler:
› Sonnenblumen: 400 g

Leguminosen:
› Wicken, Feld-Erbsen: 1700 g
› Lupinen: 2500 g
› Weiß-, Gelb-, Alexandriner-Klee und andere Klee-Arten: 150–300 g

Wasserblattgewächse:
› *Phacelia:* 150 g
Unter Tomaten, Kohl-Arten und Lauch ab August ganzflächig nur *Phacelia* und / oder Alexandriner-Klee aussäen, keine Kreuzblütler (Senf, Öl-Rettich).

Einen geschossenen Salat brauchen Sie nicht wegzuwerfen, er bereichert jeden Blumenstrauß.

Frisches Gemüse aus dem Garten, gleich an Ort und Stelle roh gegessen – welch sinnlicher Hochgenuss!

Da wird so manches Gemüse blass ...

... und das soll es ja auch. Doch will das Gemüse nicht von allein bleichen, helfe ich ein wenig nach. Endivien binde ich mit viel Zartgefühl zusammen, den robusten Stangen-Sellerie häufele ich mit Erde an, der kann das ab. Nicht so sein runder Bruder, der mit der Knolle. Denn wenn Sie Ihren Knollen-Sellerie so tief pflanzen, dass sogar einige Herzblätter in der Erde sitzen, riskieren Sie kleinere oder längliche Knollen. Lockern Sie den Boden öfter mit der Hacke und arbeiten dabei von den Knollen weg, nicht zu ihnen hin. Die Knollen entwickeln sich am besten, wenn sie allmählich aus der Erde herauswachsen.

Er muss zwar nicht unbedingt gebleicht werden, aber Cardy wird aufgrund seiner edlen Herkunft bei mir ebenfalls in schwarze Folie gekleidet. Sie kennen Cardy noch nicht? Das ist eine distelartige Kulturpflanze, so ähnlich wie die Artischocke (sie schmeckt auch ähnlich). Doch von ihr isst man nicht die Blüte, sondern die gebleichten Stiele.

Gutes für meinen Garten: Ein alter Regenschirm muss noch lange nicht ausgedient haben. Wenn er freundlich bunt ist, wird er schnell zum Freund der Topf-Tomate. Befestigen Sie einfach den Schirm an den Tomatenstangen und schon haben Sie einen optimalen Schutz vor der Braun- und Krautfäule – und einen echten Hingucker im Garten, auf Balkon oder Terrasse.

Beerrauschend!

Nun ist es reif, das wunderbare Beerenobst, das aus den Wäldern stammt und einst in den Bauern- und Klostergärten „domestiziert" wurde.

BEERENKALTSCHALE FÜR 2 – 3 PERSONEN

› 750 g Johannisbeeren, Himbeeren und Erdbeeren
› 30 – 40 g Sago
› 50 g Zucker
› etwas Zitronensaft und Wein nach Belieben

Beeren pürieren, 500 ml Wasser zugeben und mit dem Sago 20 – 30 Minuten köcheln. Zucker zugeben, mit Zitronensaft und Wein abschmecken. Gut gekühlt servieren!

Manche Beerennamen erinnern noch an die wilden Zeiten der Beeren. So hieß die leckere Himbeere ursprünglich Hintbeere und galt als Strauch, an dem die Hindin, das weibliche Rotwild, gern äste. Die Brombeere, wer hätte es vermutet, hat mit der Stacheligkeit zu tun, denn Bram oder Brahm ist im Althochdeutschen die Bezeichnung für einen Dornenbusch. Und schließlich die Preiselbeeren, die sich lange Bruslica nannten, also die, die man abstreift. Dank des neuen Namens wird sie wohl heutzutage abgepreiselt? Trotz so unterschiedlicher Bezeichnungen früher und heute, haben Blaubeere, Heidelbeere, Johannisbeere, Stachelbeere, Erdbeere und Co. etwas gemeinsam: Sie sind einfach unwiderstehlich.

Doch will man ernten, muss man pflegen. Die Johannisbeeren wachsen in jedem guten Gartenboden in leckeren Sorten. Bei den Roten sind es 'Jonkher v. Tets', 'Red Lake', 'Detvan Rovada'; bei den Schwarzen 'Ceres', 'Titania', 'Ometa' und dann natürlich die unerschütterliche Jostabeere.

Heidelbeeren ernten Sie nur, wenn Sie das Pflänzchen sauer machen, nein, ich meine nicht ärgern: Heidelbeeren gehören zu den Moorbeetpflanzen und benötigen einen sauren Boden (pH-Wert 3 – 4). Den können Sie in vielen Gegenden nur bekommen, wenn Sie die Pflanzen in eine Mischung aus Rindenmulch (aus Nadelholz) und Erde setzen und jährlich mit frischem Nadelholzstreu abdecken. Diese besondere Mühe lohnt sich wegen der Früchte: Heidelbeeren haben es wirklich geballt in sich. Sie enthalten neben Fruchtsäuren, Invertzucker und Pektinen die wertvollen Anthozyane und Flavonoide, entzündungshemmende Gerbstoffe und die Aminosäure Tryptophan, die beim Einschlafen hilft. Dafür lohnt sich schon das saure Beet.

Beerenträumereien

Meringetörtchen mit Beerchen

· 01 ·

Für den Teig das Mehl auf die Arbeitsfläche sieben und in die Mitte eine Mulde drücken. Die übrigen Zutaten hineingeben. Unbedingt darauf achten, dass die Butter kalt ist!

· 02 ·

Alles mit den Händen gut vermengen und rasch zu einem glatten Teig kneten, zu einer Kugel formen und in eine Frischhaltefolie wickeln, dann eine Stunde im Kühlschrank kalt stellen.

· 03 ·

Nun den Teig ausrollen. Mit einen Trinkglas runde Böden ausstechen, aus den Resten den Rand der Törtchen formen.

· 04 ·

Dann wird die Meringenmasse gemacht: Aus Eiweiß und Zucker eine richtig steife Masse schlagen. Dann die Beeren vorsichtig unterheben. Meringenmasse auf die Törtchen geben, mit ein wenig Zucker bestäuben und dann im Backofen 20 Minuten bei 120 °C backen.

Das Rezept reicht für 4 Personen.

Beeren-Smoothie

Die Zubereitung ist kinderleicht und geht ganz fix. Alle Zutaten in den Mixer geben und cremig pürieren. Nach Geschmack mit etwas Honig süßen.

Das Rezept reicht für 2–3 Personen.

ZUTATEN:

Für den Mürbeteig:
250 g Mehl
150 g kalte Butter,
in kleinen Stückchen
1 Ei
70 g Zucker
1 Prise Salz
1 EL Rum

Für die Meringenmasse:
4 Eiweiß
250 g Zucker
1 kg Beeren
Etwas Zucker

ZUTATEN:

250 g gemischte Beeren
500 ml Kefir
Saft einer halben Zitrone
1 kleine Scheibe Ingwer

Genauso gern wie Beeren mag ich Äpfel aus meinem Garten ...

Lasst uns den Äpfeln rote Bäckchen zaubern!

Zusammen mit meinen Töchtern macht mir das Ernten und Sammeln von Obst noch mehr Freude.

Nun ernte ich, was ich in den letzten Monaten so vorsorglich geschnitten, gebunden, vereinzelt begutachtet und umsorgt habe. Am feinsten sind Äpfel und Birnen, wenn sie gut ausgereift sind.

Den richtigen Erntezeitpunkt finden

Wenn Sie Ihre Hand behütend um den Apfel Ihres Begehrens legen und er sich in Ihre Hand schmiegt und beim leichten Drehen bereitwillig mitkommt, dann ist der Apfel erntebereit. Oder Sie beißen einfach lustvoll hinein und finden so den richtigen Zeitpunkt. Den Geschmack eines Sommers mit flimmernder Hitze und erfrischendem Regen, der in die Frucht gepackt ist, können Sie schmecken. Sind Sie sich Ihres Geschmacksinns jedoch nicht sicher, dann können Sie sich die Kerne anschauen: Wenn diese dunkel gefärbt sind, so ruft die Frucht: „Ernte mich!"

In manchen Jahren liegt die Reife auch einmal deutlich vor dem Färben der Früchte. Und wenn Sie dann auf ein rotes Apfelbäckchen warten, sind die Früchte überreif und haben nur noch ein geringes Lagerpotenzial. Dumm gelaufen, könnte ich sagen. Da bediene ich mich doch der modernen Wissenschaft, genauer gesagt dem Jod-Stärke-Test. Mit Hilfe einer Lugol'schen Lösung (in Drogerie und Apotheke erhältlich), die Sie auf die Schnittfläche eines quer geteilten Apfels sprühen oder pinseln, können Sie sehr gut den Reifegrad bestimmen. Denn diese Lösung färbt die in der Frucht vorhandene Stärke schwarz. Im Klartext: Je dunkler die Schnittfläche, desto mehr Stärke ist vorhanden und desto unreifer ist die Frucht. Je heller die Schnittfläche, desto mehr Stärke wurde in Zucker umgewandelt und das bedeutet, der Apfel ist reif.

Nach der Ernte

Besonders schöne Früchte wickle ich gleich bei der Ernte in Seidenpapier ein – so verneige ich mich vor deren perfekter Gestalt. Die wundervollen Apfelgeschwister kommen nach der Ernte am besten zum Sauerkraut, in den feucht-kühlen Keller bei etwa 7 °C. Ist der Keller nicht feucht genug, spendet ein Eimer Wasser, neben die Früchte gestellt, ausreichend Feuchtigkeit. Wenn Sie relativ wenige Äpfel zu lagern haben, ist es ideal, wenn Sie sie vorsichtig nebeneinander auf Holzregale legen. Dort können sie kuscheln und über den vergangenen Sommer plaudern, erdrücken sich aber nicht gegenseitig. Auch im Garten ist das Lagern kein Problem: Pfiffig, wie Sie sind, lagern Sie Äpfel, Birnen, Quitten und Möhren, Kartoffeln und Pastinaken in Holzkisten. Aber bitte niemals Obst und Gemüse gemischt! Damit keine Mäuse eindringen können, schlagen Sie die Kisten zuvor mit Hasendraht aus und graben sie ebenerdig im Boden ein, Deckel oder Brett darauf legen und mit Stroh abdecken. Fertig. Die Feuchtigkeit im Boden hält Obst und Gemüse glatt und frisch.

Äpfel mit Botschaften

Auch aus einem Apfel können Sie ein geniales Geschenk machen, entweder Sie lassen ihn in einer Bauchflasche (siehe Seite 96) verschwinden und später in Apfelbrand baden oder Sie bitten ihn, Botschaften zu übermitteln. Ich schreibe gerne einmal einen Gruß wie „Danke" oder „Alles Gute" auf meine Äpfel, auch ein Herz oder viele kleine Smileys. Das geht ganz einfach: Kaufen Sie sich fertige Aufkleber im Schreibwarengeschäft (am besten welche aus stärkerem Papier oder Folie). Oder aber Sie denken sich die Formen selbst aus und schneiden sie sich aus selbstklebender Folie oder Papier zurecht. Ich klebe dem Apfel etwa sechs Wochen vor der Ernte dann eine. Wichtig ist, dass Sie den Aufkleber auf eine unbeschädigte, trockene Stelle eines noch grünen, möglichst einzeln hängenden Apfels kleben, die der Sonne zugewandt und nicht von Ästen und Blättern verdeckt ist. Puh, da ist viel zu beachten, lohnt sich aber! Nach der Ernte Aufkleber abziehen, sich freuen und viel, viel Lob bekommen!
Gut färbende Sorten sind 'Gloster', 'Jonagold', 'Idared', 'Gala', 'Elstar', 'Roter Boskop', 'Rote Sternrenette' sowie die neueren, schorfresistenten Sorten wie 'Topaz' bzw. 'Red Topaz', 'Santana', 'Florina', 'Rebella' und 'Gerlinde'.

Ein Apfel mit Herz ist ein ganz besonderes Frühstück, ob in der Schule oder im Büro.

EIN TRICK FÜR ROTE WANGEN

Wenn Sie keine Bilder auf die Äpfel zaubern wollen, sondern rote Backen, geht das am besten mit einem Belichtungsschnitt. Wie der Name schon sagt, dient er einer besseren Belichtung der Früchte. Etwa zwei Wochen vor der Ernte schneiden Sie nur jährige Triebe weg, die zu viel sind. In den letzten Jahren ist mir aber aufgefallen das dieser Schnitt auch zu Sonnenbrand führen kann. Daher führen Sie ihn am besten bei bewölktem Himmel durch.

Erntezeit, nun wird's lecker! Aber nicht nur für mich, sondern auch für viele andere Leckermäuler, die ebenfalls ganz wild auf die Früchtchen sind. Doch lassen Sie sich dennoch niemals dazu verführen, Vogelschutznetze anzubringen. Das versetzt die kleinen Sänger in Angst und Schrecken. Lieber singen Sie ab und zu laut und freudig mit, das hilft auf sanfte und fröhliche Weise, sie kurzzeitig von den Beeren wegzuhalten – jedenfalls in meinem Garten. An alle anderen lauten Geräusche gewöhnen sich die Vögel sehr schnell.

Von Birnen und Nüssen

„One apple a day keeps the doctor away" – ob das auch für die Birne gilt? Mit Sicherheit kann ich sagen, dass das Obst aus meinem Garten das Schönste ist, was es gibt. In veredelter Form ist es einfach unschlagbar.

Birne in der Flasche

Ich werde etwas ganz Besonderes, sprach die Birne und verschwand im Glas. Und sie wurde es wirklich und damit zum Dauergespräch: Denn, wie kam sie nur rein, die Birne?

Meine kleinen Birnen machen es so: Wenn sie Anfang Juni so etwa 2 cm groß sind, sagen sie Bescheid, dass sie bereit sind in ein neues Umfeld zu wechseln – in bauchige Flaschen mit möglichst kurzem Hals. Doch ich habe immer noch das letzte Wort, wer mitmachen darf und wer nicht. Denn es dürfen nur die ganz gesunden Birnchen durch den Flaschenhals schlüpfen.

Nun wird es spannend, denn die Birne muss sich schmal machen. Dazu entferne ich alle Blätter um die Birne herum. Ist die Birne so fürsorglich vorbereitet und noch ein wenig mit zarter Hand gestreichelt worden (um störenden Staub zu entfernen), geht's los: Mit Zartgefühl stülpe ich die Flasche (vorher einen Draht um die Öffnung befestigen) über die Birne. Dabei kann die eine oder andere Birne schon auch einmal abbrechen. Nicht entmutigen lassen! Ich bin mir sicher, Ihnen sind schon schwierigere Dinge im Garten gelungen. Nun dürfen die Birnchen in ihrem neuen Glaszuhause zu Birnen wachsen.

Geduld ist nun gefragt bis September. Erst dann dürfen Sie ernten. Damit der Stiel nicht aus der Frucht herausreißt, sollten Sie ihn mit einer kleinen Schere zärtlich abschneiden.

Nun haben die Flasche und die Birne zusammen eine lange Zeit im Garten verbracht. Damit beim späteren Genuss des Hochprozentigen nicht lauter kleine Erinnerungen an die schönen Sommertage in unsere Rachen wandern, sollten Sie zunächst das Flascheninnere vorsichtig mit warmem Wasser ausspülen. Dann erst wird die erwartungsvolle Birne mit köstlichem Birnenbrand umhüllt.

Walnüsse – köstlich eingelegt

Walnussbäume schneiden Sie am besten im August. Und auf einmal hat man statt reifer Nüsse jede Menge grüner. Aus den unreifen Nüssen mache ich das Beste – einen Walnusslikör: 250 g zerkleinerte Walnusskerne gebe ich in eine bauchige Flasche und gieße mit 2 Litern lieblichem Weißwein auf, in dem ich zuvor 300 g Zucker aufgelöst (dazu eventuell den Wein etwas erwärmen) und mit einer halben, aufgeschlitzten Vanillestange und einer Viertel Zimtstange gewürzt habe. Die verschlossene Flasche stelle ich über Nacht an einen kühlen

Links:
Es gibt kaum ein besseres
Gesprächsthema über den
Gartenzaun hinweg als ein
„Flaschenbaum" – das können
Sie mir glauben.

Walnüsse sind reif,
wenn ihre Schale braun
und rissig wird.

Platz. Am nächsten Tag gieße ich einen halben Liter klaren Schnaps (zum Beispiel Obstbranntwein) hinzu, verschließe wieder die Flasche und lasse den
Likör einen Monat lang an einem kühlen Platz reifen. Nach der Reife abseihen
und kühl aufbewahren. Sehr fein zu Obstsalat, Vanille-Eis und -Pudding.

Zu schade für den Kompost: Auch wenn ich ein großer Kompostfan bin,
so manches ist viel zu schade dafür – Apfelschalen beispielsweise. Zunächst
können Sie Ihr Geschick trainieren und ein kunstvolles unendlich langes Band
an Schale schälen und dabei Ihre Gedanken ruhen lassen. Und dann trocknen
Sie die Apfelschalenstreifen auf leicht-luftige Art und Weise und machen
daraus einen heilenden Tee. Ein bis zwei Teelöffel getrocknete, zerkleinerte
Apfelschalen mit einem Viertelliter siedendem Wasser aufgießen, bedeutet
nicht nur höchsten Genuss, sondern zwei bis drei Tassen pro Tag helfen gegen
rheumatische Beschwerden.

Ich glaube, der Sommer
wurde erfunden, damit wir
mit Freunden und Familie
Feste feiern ...

Ich feiere ein Somm

Nun geht es los zum Sonnenblumenfeld ganz in meiner Nähe. Teddy freut sich und wir kaufen armeweise Sommerkinder. Zu Hause werden die Sonnenblumen frisch angeschnitten und dann in einem Eimer voll kühlem Nass erfrischt. Nun sortiere ich die Blumen mit den kleinen Köpfchen raus und mache zusammen mit dem beeindruckenden Chinaschilf (*Miscanthus*) eine Tischgirlande.

...ergartenfest

Es braucht nicht viel, um alle glücklich zu machen.

Heute gibt es gegrilltes Gemüse aus dem Garten.

Rasen, Rasen, Rasen

Seit ich Gärtnerin bin ist mir eines klar geworden: Ein richtig grüner Rasen ist männlich. Oh je, so satt, so grün, so dicht und vor allem so frei von jeglichen bunten Kräutern soll er sein. Frei nach dem Motto: „Alles so schön grün hier …"

Rasen geht auch anders

Gänseblümchen gehören in jeden Garten, denn sie sind eine willkommene Dekoration für Salate.

Leider wissen die wenigsten, dass solch ein grüner Teppichrasen zum aufwendigsten und teuersten Teil des Gartens wird. Er ist die Diva! Nahezu das ganze Jahr über wird wie im Olympischen Gartenkampf gemäht, gewässert, gedüngt und gepflegt. Oh, ich bin dessen so müde. Darum mache ich es heute anders: Als bekennende Genießerin wähle ich die buntere Variante. Auch für Sie kann dieser Wandel eine Offenbarung sein. Versuchen Sie es einfach. Das Einzige, was Sie benötigen, ist Geduld mit Ihrem Mann. Geben Sie Ihrem Rasenmäher ab sofort freie Tage und reduzieren Sie die Anzahl der Mähgänge auf drei Mal im Monat. Das Mähgut lassen Sie einfach liegen. Das Wässern und Düngen, oh Schreck, bitte sofort einstellen. Und nun wird es bunt: Pflanzen Sie im Herbst die Zwiebeln von Krokus, Schneeglöckchen, Winterling, Schneestolz, Narzisse, Scharbockskraut, Gold-, Milch- und Blaustern, Hasenglöckchen und und und in geselligen Gruppen zueinander in den Rasen. Im Frühjahr säen Sie dann noch ein wenig Blumenmischung ein und schauen, ob alles kommt, was versprochen war.

Ein schöner Rasen kann auch ganz ohne Decke zum Ausruhen einladen.

Doch wer makelloses Grün über alles liebt …

Viele Gartenbegeisterte, ehrlich gesagt meist Männer, mögen jedoch schöne, grüne, unkrautfreie Rasenflächen sehr gern und investieren auch viel Zeit und Geld für das perfekte Grün. Ein kleiner Exkurs über den Rasen erklärt, warum so manches gemacht werden muss. Rasenflächen sind Pflanzengesellschaften mit wechselnden Anteilen an Gräsern und Kräutern. Sie sollen den unterschiedlichsten Ansprüchen gerecht werden und möglichst auf den verschiedensten Standorten problemlos gedeihen – so ähnlich wie eine Ehe. Das erfordert sensibles Hinschauen.

Fangen wir mal mit dem richtigen Schnitt an, hier kann man schon viel erreichen: Regelmäßiger Schnitt fördert die Narbendichte, weil die Gräser dazu angeregt werden, vermehrt Seitentriebe oder Ausläufer zu bilden. Für keimende, wenig trittfeste Wildkräuter bleibt dann wegen der hohen Wachstumsgeschwindigkeit der Gräser kaum noch Raum. Super, der Rasen überholt die weniger beliebten Wildkräuter. Nun ist aber nicht nur wichtig wie oft, sondern auch wie kurz gemäht wird: Das Optimum liegt zwischen 4 und 6 cm Schnitthöhe. Zu hoch? Nein, denn so wird der Boden beschattet und damit die Wasservorräte ökonomischer genutzt. Hier sparen Sie schon ein wenig Geld.

Erinnern Sie sich an die wunderschönen Ketten und Kränze aus Wildkräutern, die Sie in Ihrer Kindheit gewunden haben?

Den Schnitt als Dünger auf dem Rasen liegen zu lassen, funktioniert nur bei den Mährobotern, da sie das Mähgut sehr gut zerkleinern. Ich bin mir sicher, dass sich bei reduzierten Preisen immer mehr Männer in den freundlichen kleinen Gartenhelfer verlieben und von da ab stundenlang seine Wege beobachten, gemütlich vom Liegestuhl aus. Wer keinen lustigen Mähroboter oder Mulchmäher besitzt, muss mäßig, aber regelmäßig düngen.

Doch mit Düngen allein ist es nicht getan. Wer hätte das nun auch erwartet? Vertikutieren gilt ja als die Schönheitskur im Frühling für den Rasen, verjüngend reinigend ... Ja, vertikutieren ist für den Rasen Wellness pur, denn es verschafft dem Gras mehr Licht und Luft, also bessere Wachstumsbedingungen. Doch dafür braucht er auch Wasser. Ein schwieriges Thema: Trinkwasser auf Rasenflächen. Doch hören Sie genauesten auf Ihren Rasen: Er wächst bei Ihrer hingebungsvollen Pflege unverschämt stark und braucht dann in den Sommermonaten etwa 5 Liter Wasser pro m². Nun bitte nicht täglich 5 Liter geben, Sie würden ihn dann doch zu sehr verwöhnen. 20 Liter pro m² in den Morgenstunden im Abstand von vier Tagen sind ein sinnvolles Maß.

RASEN DÜNGEN, ABER RICHTIG

Ich persönlich dünge den Rasen wenig und dann nur organisch. Geben Sie Anfang bis Mitte März 3 l Kompost und 30 g Hornmehl (jeweils pro m² Fläche) auf die Fläche. Ungefähr sechs Wochen später nochmals 30 g Hornmehl pro m² ausbringen.

Wildkräuter in Rasen: Langfristig können Sie sich das eine oder andere Wildkraut nur vom Hals halten, wenn Sie die Ursachen beseitigen. Und die müssen Sie erst einmal finden. Meist liegt es an der Leidenschaft zum Rasenmähen. Zu häufiger und zu tiefer Schnitt plus mangelhafte Stickstoffdüngung fördern beispielsweise den Fadenblättrigen Ehrenpreis und Klee-Arten. Ampfer und Wegerich-Arten wachsen bevorzugt auf verdichteten Böden. Moose breiten sich insbesondere auf schlecht abtrocknenden, schattigen Flächen aus.

Man kann nie genug von Sommerblumen haben, achten Sie beim Pflanzen auf die Standortansprüche.

Eine Ode an die Calibrachoa

Lange liebte ich das Monochrome und Opulente, vor allem bei der Gestaltung von Balkon, Fensterbank und Ähnlichem. Doch als ich Calibrachoa zum ersten Mal gesehen habe, war ich verloren für das Zauberglöckchen.

Glöckchenreich auf dem Balkon

Die *Calibrachoa*-Balkonblumen haben die schönsten Glöckchenblüten in den herrlichsten Farben der Welt – und sie besitzen zu allem Überfluss auch noch so viele davon, filigranste Werke aus dem Zauberkasten der Züchter. Millionen kleine Glöckchen bedeutet auch die Übersetzung des englischen Namens Million Bells. Zauberglöckchen – wer möchte die nicht um sich herum haben, verspricht doch der Name, das man sich etwas wünschen kann ...

Die Balkonblume schlechthin

Was, Sie kennen diese Balkonblumen nicht? Wird aber höchste Zeit, wurde doch das Rubinglöckchen (*Calibrachoa* × *hybrida* 'Double Ruby') mit seinen dunkelrot leuchtenden, farbstabilen Blütchen zur Balkonpflanze des Jahres

2012 in Rheinland-Pfalz gekürt. Zu Recht, verkörpern die zu den Nachtschattengewächsen gehörenden Zauberglöckchen doch die wundersame Wunscherfüllung eines jeden Gärtners. Sie hängt schleiergleich in unglaublicher Fülle aus den Hanging Baskets, scheut auch nicht davor, einen Balkonkasten in ein Meer aus Glocken zu verwandeln und wird, oh Wunder, noch zum Blütenteppich auf allen Flächen, die ihr einen Platz an der Sonne bieten. Oft wurde sie die kleine Schwester der Petunie genannt, doch falsch – sie ist es nicht und tausendmal robuster. Kein Wind kann sie zerzausen, Regen lässt sie kalt und Blattläuse sind für sie ein Fremdwort. Doch das, was mein Herz am meisten berührt, ist die Pracht der Farben ihrer Blüten. Sie lassen sich bedingungslos miteinander kombinieren, ohne schrill zu sein: Weiß, Pink, Blauviolett.

Ein bisschen Pflege muss sein

Damit die kleine Sonnenanbeterin auch das Meer von Blüten über den langen Sommer tragen kann, muss sie eine gute Grundlage haben. Das Wichtigste: Das Zauberglöckchen darf keine nassen Füßchen bekommen, sonst wird sie nicht rot, sondern gelb vor Ärger. Also lege ich ihr eine Dränage aus Tonscherben in den Topfboden. Hungrig ist sie auch, jedenfalls wenn die jungen Blätter vergilben. Dann heißt es füttern und zwar mit Flüssigdünger.
Zeigen sich die Zauberglöckchen mal nicht von ihrer besten Seite, etwa weil wir sie dursten ließen, können Sie einfach – schnippschnapp – durch einen Rückschnitt die ganze Pracht von vorne starten.
Angeboten wird sie als einjährige Blume, doch sie überzeugt durch noch mehr Fülle, wenn sie geborgen den Winter bei uns verbringen darf. Im Winterlager allerdings ist das verzauberte Glöckchen ein wenig anspruchsvoll; es möchte hell stehen bei etwa 14–15 °C, aber wenig gegossen werden. Wenn sich der Frühling ankündigt, schneiden Sie es kräftig zurück, stellen es etwas wärmer und gießen etwas häufiger. Nun liegt es in Ihrer Hand …

SCHRITT FÜR SCHRITT

Torffreie Erde ist genau das Richtige zum Setzen der Pflanzen.

Tauchen Sie die Schönheiten vor dem Einpflanzen etwa 30 Minuten lang in Wasser.

Nach dem Pflanzen nochmals kräftig gießen, denn durstig sind die frisch Getopften.

Pflanzenschätze für den Sommerabend

Wenn der Abend dem Tag die Hand gibt und so der Schichtwechsel eingeläutet wird, kommt eine ganz besonders zauberhafte Stimmung in den Garten. Alles wandelt sich, die Farben beginnen sich aufzulösen oder zu strahlen.

Ernten Sie immer frisch aufgeblühte Taglilien zum Befüllen, dann sind sie noch richtig knackig.

Gelbe und rote Blüten leuchten nun besonders intensiv, blaue Blütenpflanzen und silberlaubige Begleiter verstärken den magisch-ruhigen Zauber der „blauen Stunde". Etwas später beginnt der Auftritt der weißen und pastellfarbenen Blüten, die im Halbdunkel besonders auffallen, vor allem wenn sie sich in einen duftenden Mantel hüllen. Das ist einer der sinnlichsten Augenblicke im Garten, die ich gern auf meiner kleinen Terrasse über dem Teich genieße. Fließendes Wasser liefert die Hintergrundmusik für die Duftsinfonie der Blumen, die ich in großen Gruppen direkt an die Terrasse gepflanzt habe. Wenn ich dann an lauen Abenden dort mit meiner Familie oder Freunden genussvoll einen Wein trinke, erleben wir Naturkino, wie es herrlicher nicht inszeniert werden kann. Nachtfalter fliegen, immer ein wenig schwerer als ihre Taggenossen, durch den Garten und lassen sich bevorzugt auf leuchtend weißen Blüten nieder. Anlocken konnte ich die Schönen der Nacht mit einem Beet nachtduftender Blumen, das ich extra für sie geschaffen habe.

Machen Sie es doch den Gärtnern Indiens und Pakistans nach, die die Nacht im Garten mit all ihren sinnlichen Betörungen in Szene setzen. Die besten Düfte der Nacht kommen von Levkojen und Nachtviolen. Lilien fügen sich mit ihrer unvergleichlichen Eleganz ein, Madonnen- (*Lilium candidum*), Türkenbund- (*L. martagon*) und Königs-Lilien (*L. regale*). Grandios ist das Schauspiel der Nachtkerzen, deren Blüten ab 19 Uhr nach und nach im Zeitlupentempo aufblühen und in der Dunkelheit hingebungsvoll ihren überwältigenden Duft verschwenden. Ebenso überraschend die Wunderblume (*Mirabilis jalapa*), die kurz vor Sonnenuntergang auf einmal mehrfarbig erblüht. Ihr stark blumiger, fruchtig-frischer Duft macht sich aber erst eine bis zwei Stunden nach dem Erblühen bemerkbar. Passend dazu (und zu einem Glas roten Wein) der betörend marzipanähnliche Duft des Sternbalsams, dessen rötliche Knospen sich nachts zu weißen, sternförmigen Blüten öffnen, die garantiert die Elfen der Nacht magisch anlocken.

Gefüllte Taglilienblüten

· 01 ·

Fruchtknoten und Staubblätter der Taglilienblüten entfernen, Blüten auswaschen.

· 02 ·

Alle Kräuter und Blüten mit lauwarmem Wasser abspülen, gut abtrocknen lassen. Dann Frischkäse und Schmand verrühren und mit den Kräutern und Blüten mischen, mit Salz und Pfeffer würzen.

· 03 ·

Die Masse in eine Spritztülle geben. Langsam die Blüten zu zwei Dritteln damit füllen.
Die Blüten erst kurz vor dem Verzehr zubereiten, damit sie richtig knackig bleiben!

Das Rezept reicht für 4 Personen.

ZUTATEN:

12 Taglilienblüten frisch
aus dem Garten
200 g frische Wildkräuter
(Pimpinelle, Portulak,
Löwenzahn, Giersch)
1 Handvoll essbare Blüten
(Taubnessel, Gänseblümchen,
Stiefmütterchen, Borretsch)
1 Bund Schnittlauch
400 g Frischkäse
200 g Schmand
Salz und Pfeffer

*Unglaublich, wie viele Blüten man essen kann –
auch die Dahlien gehören erstaunlicherweise dazu.*

Dahlien, meine persönlichen Lieblinge

*Schon als Kind liebte ich die großen Blüten, die immer wieder
überraschen. Manche sehen aus wie kleine Wollknuddeln, die
man im Winter bastelt, andere wie Seerosen und wieder andere
wie dreidimensionale Sterne.*

Abertausend Varianten

Dahlien haben immer einen großen Auftritt. Doch nie werden wir sie alle
persönlich kennenlernen, denn es gibt schätzungsweise 20 000 bis 30 000
Dahlien-Sorten auf der ganzen Welt. Sie erreichen Höhen von nur 30 cm
bis über 2 m und besitzen einfache oder gefüllte Blüten in Pastelltönen oder
in kräftig leuchtenden Farben, die kleinsten nur 2 cm im Durchmesser, die
größten bis zu 30 cm (und damit so groß wie ein Pizzateller).

Zum Streicheln

In einem reinen Dahlienbeet
können Sie farblich in die
Vollen gehen und mit ver-
schiedenen Blütenformen für
Abwechslung sorgen.

Dahlien sind zum Verlieben. Je nach Sorte können Sie sie als Kübel- und Bal-
konpflanzen oder als Beetpflanzen einsetzen. Auch jetzt noch. Der Markt hat
die Renaissance verstanden und bietet üppig blühende Stecklinge an. Sind
Sie auch verzaubert von diesen Blumen, die man streicheln kann, ohne dass
sie sich entblättern? Dann besuchen Sie doch einmal einen dieser unglaublich schönen Schaugärten: die Dahliengärten auf der Blumeninsel Mainau,
im Britzer Garten (Berlin), in Bad Neuenahr-Ahrweiler, in Baden-Baden
(„Lichtentaler Allee" an der Klosterwiese), in Hamburg-Altona, im Kurpark
Bad Sülze, im Egapark Erfurt, im Gruga-Park Essen, im Killesberg-Park
Stuttgart, den Geraer Dahliengarten und viele mehr. Sie alle laden Sie zum
Ausflug im September ein. Vielleicht wird bei diesem Besuch das Saatkorn
einer neuen Leidenschaft gelegt. Leiden hingegen schaffen Dahlien wirklich
nicht, nur ein wenig brauchen sie unsere Unterstützung.
Dahlien mögen sonnige Plätze, an denen sie üppig blühen. Wichtig ist der
Ort, den ich ihr gebe, um sich richtig zu verwurzeln, eigentlich um sich zu
beheimaten, denn sie kommt aus fernen warmen Ländern. 1804 schickte
Alexander von Humboldt Dahliensamen von Mexiko nach Berlin. Den Boden
mag die Schöne nicht schwer oder nass, er sollte ihr nur das Beste bieten,
nährstoffreich sein und ausreichend Humus besitzen.
Da ich sie von Anfang an, das heißt direkt beim Pflanzen, mit Hornspänen
versorge, braucht sie später kein Zusatzfutter mehr. Sie würde dann mehr
Blätter bilden und in die Höhe schießen, anstatt mich mit vielen, vielen
Blüten zu erfreuen.
Üppig ist der richtige Ausdruck für Dahlien und damit sie es auch bis zum
Frost bleiben, reduziere ich die Triebe auf drei bis fünf und putze konsequent
alles Verblühte aus. So starten die Knospen durch für eine weitere finale Blüte.

Auch zum Essen und für die Vase

Den hohen Dahlien gebe ich stets eine Stütze aus Bambusstäben. Das ist wichtig, damit sie ihre hübschen schweren Köpfe lange der Sonne entgegenstrecken können, ohne vom Herbstwind umgedrückt zu werden. Beim Anbinden streichele ich lustvoll über die großen Blütenköpfe, hier ist nichts zerbrechlich und alles so weich. Kurz steht dabei die Zeit still, die sonst so schnell eilt. Wenn die eine oder andere Blüte doch mal abbricht, nicht traurig sein. Nehmen Sie die Blüte als Geschenk, denn Dahlien schmecken überraschend gut im Salat. Doch auch als Sirup sind sie mit ihrem leicht sauren, ins Herbe gehende Aroma unbezahlbar: Dafür gießen Sie 600 ml kochendes Wasser auf 250 g Dahlienblütenblätter. Lassen Sie den Aufguss 20 Minuten lang abgedeckt ziehen. Fügen Sie nun 375 g Zucker hinzu und kochen Sie den Sud so lange, bis die Masse leicht eindickt. In Flaschen abgefüllt hält sich der Sirup im Kühlschrank lange frisch. Dies ist ein ungewöhnliches Geschenk für jeden Dahlienfreund.

Apropos Geschenk: Ich verschenke leidenschaftlich gern üppige Dahliensträuße, denn das Lächeln, das ein frischer Strauß auf das Gesicht des Beschenkten zaubert, ist wunderbar. Wussten Sie, dass sich Dahlien am längsten in der Vase halten, wenn sie im gut geöffneten Stadium am frühen Morgen mit einem schrägen Schnitt geschnitten und direkt in warmes Wasser gestellt werden?

Und Dahlien können so wunderbar und auf einfache Weise Ihr Herz erfreuen. Etwa wenn Sie Hummeln, Bienen und anderen Insekten beim fleißigen Sammeln von Pollen und Nektar zuschauen. Ein üppig gedeckter Tisch für alle, die ein wenig Lust auf Süßes haben. Doch nicht alle Dahlien sind nahrhaft; wählen Sie ungefüllte Sorten wie die Orchidee-Dahlien und die wunderschönen einfach blühenden Star-Dahlien-Sorten.

> Es gibt kaum eine andere Blume, die sich so gut streicheln lässt, wie die Dahlie.

ZEIT FÜR DEN WINTERSCHLAF

Oft hört man, dass Dahlienknollen erst nach dem ersten Frost ins Winterquartier, am besten einen kühlen Keller, umziehen sollen. Das stimmt so nicht. Sie brauchen keinen Frost, im Gegenteil, die Knolle darf keinesfalls durchfrieren. Dennoch gibt es zwei Gründe, warum sie so lange draußen bleiben:

› Viele Sorten blühen bis zu den ersten Frösten, und so lange sollten Sie sich auch an ihnen erfreuen.

› Je länger die Pflanzen draußen sind, umso mehr Nährstoffe können sie produzieren und in den Knollen einlagern. Sind Ihre Dahlien aber schon abgeblüht und die Blätter am Absterben, können Sie sie ruhig schon früher roden.

Oben:
Bleiwurz (*Plumbago auriculata*) ist eine Kübelpflanze aus Südafrika, die überreich und lange blüht.

Schlinger schlingeln

Oben rechts:
'Muscat Bleu' ist eine attraktive, frühreifende, rote Tafeltraube, die relativ widerstandsfähig gegen falschen und echten Mehltau ist.

Manche Pflanzen machen gern eine steile Karriere. Sie wollen hoch hinaus und stecken ihre ganze Energie in den Weg nach oben. Manchmal wird das allerdings für uns Menschen ein kleines bisschen zu viel.

Power vom Mittelmeer

Wie werde ich den zielstrebigen Kletterern gerecht? Einengen möchte ich sie ja nicht, doch „erschlagen" sollten sie mich auch nicht. Meine Glyzinie ist ein typisches Beispiel für einen solchen Emporstrebling: In den ersten Jahren war nicht viel mit ihr los. Sie schlang sich unauffällig ein wenig am Haus entlang und ließ mich manchmal ein wenig stöhnen, wenn ich an ihre üppigen Verwandten im Süden dachte. Die Blüten meiner Glyzinie kamen selten und bescheiden, ohne jegliches mediterranes Feeling.
Doch dann plötzlich: Unbändig wucherte die Glyzinie los und packte die gesamte Fassade ein. Nun habe ich ihr den Weg weisen müssen und schneide sie diszipliniert jährlich ein- bis zweimal nach der Blüte, also Ende Juli bis in den August hinein. Grundsätzlich baue ich, ähnlich wie beim Echten Wein, ein Grundgerüst aus Trieben auf. Das geschieht auf ziemlich brutale Weise, denn die unendlich langen Triebe kürze ich auf zwei bis vier Augen. Schließlich

blüht die Glyzinie im folgenden Jahr nur an den kurzen Trieben. Zähmt man die langen nicht mit scharfer Schere, bilden sie im Lauf der Zeit einen undurchdringlichen Dschungel. Auch an den eingekürzten Langtrieben können sich nachträglich noch Blütenknospen ausbilden. Um dann die schönste aller Glyzinien zu bekommen, lohnt es sich im Herbst, wenn nach dem Laubfall die lebendig verwebte Struktur sichtbar wird, nochmals ein genauerer Nachschnitt.

Tafeltrauben munden so fein

Viel Freude bereitet mir ein anderes Lianengewächs, und das von Anfang an. Über der beschützenden Pergola gedeihen meine schlingenden Freunde, die Tafeltrauben. So wachsen mir, gleich einem kleinen Paradies, die leckeren Früchte direkt in den Mund – und das ohne jedes Pestizid. Das muss Sie gar nicht wundern, denn es kommt wirklich auf die richtige Sorte an. Ich habe mich vor vier Jahren für 'Birstaler Muskat' und 'Muscat bleu' entschieden. Das war weise.

Damit meine Trauben optimal reifen und auch zur Vorbeugung vor Pilzkrankheiten, insbesondere dem Grauschimmel (Botrytis), entblättere ich sie im Bereich der Früchte. Entblättern birgt aber auch Gefahren, denn zu frühzeitiges und zu starkes Entblättern kann, wie bei uns Menschen, zu Sonnenbrand führen! Also die Blätter nicht vor August abzupfen und dann mit Gefühl. Und wie immer bleibt im Garten nichts ungenutzt. Die Blätter verarbeite ich zu leckeren kleinen Delikatessen.

Meine türkische Freundin Sultan hat mir beigebracht, wie ich Weinblätter fülle. Dazu lege ich die frisch geernteten Blätter in Salzwasser (100 g Salz auf 1 Liter Wasser) ein. Nach zwei bis drei Monaten wasche ich das Salz mit warmem Wasser von den Blättern ab. Nun sind sie weich und können gefüllt werden. Dafür nehme ich 400 g gekochten Reis, 4 Zwiebeln, 500 g Hackfleisch vom Rind oder Lamm (manchmal ersetze ich es durch dieselbe Menge gekochter Linsen – dann haben Sie eine vegetarische Variante), ein Bund Petersilie (wer will, kann auch Dill dazugeben), 2 Zitronen, Pfeffer und Salz. Mit einer Tasse Öl und einer Tasse Brühe wird daraus eine gut knetbare Masse, mit der ich nun die Weinblätter fülle. Dann werden sie 10 Minuten lang im Dampfkochtopf gekocht oder ich lasse sie 20 – 30 Minuten lang bei schwacher Hitze im normalen Topf köcheln. Und am Abend vernasche ich die gefüllten Weinblätter mit Freunden unter dem gelichteten Blätterdach meiner Tafeltrauben. So schön kann Leben sein.

Blau, blau, blau blüht er

Schön sind auch die anderen Himmelstürmer. Auf der Terrasse habe ich einige Südländer zu Besuch. Der Bleiwurz schlingt sich vorbildlich an seinem Spalier entlang und steht von Mai bis Oktober im Blütenrausch. Dann heißt es für ihn: Raus aus der Kälte, denn einpacken hilft nicht. Mein Winterquartier ist 13 °C kühl und dunkel. Das macht ihm nichts aus. Er macht sich dann sogar nackig, was den großen Vorteil hat, dass ich den Bleiwurz bis zum Sommer fast gar nicht mehr gießen brauche.

DIE BESTEN PILZFESTEN TRAUBEN

› 'Birstaler Muskat': weiße Traube, feiner Muskatgeschmack, sehr mehltauresistent, frosthart
› 'Palatina': weiß, fruchtig, leichter Muskatton, frosthart
› 'Nero': blau, sehr schmackhaft, süß, frosthart, wegen frühem Austrieb aber empfindlich gegen Frost im April
› 'Muscat bleu': blau, angenehm würziger Muskatgeschmack, sehr mehltauresistent, wenig Botrytis

Clematis und Rose innig verschlungen

Schön verflechtet mit der Rose wächst die Clematis an der Pergola hoch. Doch wie alle Kletterpflanzen brauchen sie Stütze und eine unglaubliche Disziplin, um ihre wie mit zarten Pinselstrichen gemalten Blüten in den Himmel zu tragen.

Handarbeit im Garten

Manchmal verflechten sich die kletternden Lieblinge so stark mit- und ineinander, werden schwerer und schwerer und, oh Schreck, kippen sogar. Das ist nicht gut. Darum entwirre ich sie regelmäßig ein wenig, was mich an eine Klöppelarbeit erinnert. Die Ranken der Clematis sind unendlich lang und scheinen unzerstörbar, doch das täuscht. Erst wenn sie zu Körben verarbeitet werden, können sie alles tragen, nun ja, fast alles.

Freundlich hüllen Clematis alles in ein Farbspiel ein, was sich von ihnen erobern lässt – Pergolen, Gartenhäuschen, Wandgerüste an Haus und Garage, selbst Sträucher sind vor den rankenden Trieben nicht sicher. Obwohl ursprünglich Bewohnerin des geheimnisvollen Waldes (daher kommt auch ihr zweiter Vorname Waldrebe) strebt sie stets der Sonne entgegen.

Gemäß ihrer Herkunft benötigen Clematispflanzen einen schattigen Fuß. Den kann ich ihr liebevoll beschaffen und pflanze einfach kleines Grün um sie herum. So zufrieden mit ihrer Fußdecke wächst und wächst die Clematis. Nun müssen meine Muskeln nochmal arbeiten, denn auch an der Hauswand benötigt die schöne Schlingerin nährstoffreichen, gut durchlässigen Boden. Weg mit dem Lehmboden, der für sie nur den Albtraum des Clematissterbens birgt, und stattdessen guten (Mutter-)Boden eingefüllt. Dann noch ein Rankgerüst gebaut, nun kann sie in Ruhe und Frieden ihren Weg nach oben gehen.

Im Wald wird nicht geschnitten – aber im Garten?

Frühblühende Clematis-Arten und deren Sorten weisen einen starken Wuchs auf und müssen gelegentlich geschnitten werden – und zwar dann, wenn die Waldrebe ein wenig an Höhenrausch leidet oder wenn ihr Halt die Fassung verliert. Dann schneiden Sie kräftige Triebe auf kräftige Blattknospen zurück und entfernen natürlich radikal alle Teile, die krank sind. Meist jedoch können Sie diese Clematis-Typen einfach so lustig luftig vor sich hinwachsen lassen.

Das klingt einfach – bis jetzt. Denn nun wird es schon ein wenig komplizierter und Sie müssen genau hinschauen, mit welcher Clematis – früh- oder spätblühend – Sie es zu tun haben; sonst kommt es leicht zu nachhaltigen Missverständnissen.

Die Frühblühenden bilden ihre atemberaubenden Blüten am vorjährigen Holz. Ihre Knospen erinnern mich an eine geschlossene Hand und wenn ich

---

KEINE CHANCE FÜR DIE CLEMATISWELKE

Die gefürchtete Clematiswelke ist ein Pilz, der meist in der warmen Jahreszeit den Stängelgrund befällt, die Leitungsbahnen verstopft und zum raschen Welken bzw. Absterben der oberirdischen Pflanzenteile führt.

Welkeunempfindliche Clematis-Wildarten sind:
› *Clematis alpina*, violettblau
› *Clematis montana*, zartrosa
› *Clematis viticella*, purpur bis violett

Empfehlenswerte, welkeunempfindliche Sorten von *Clematis viticella*:
› 'Alba Luxurians', weiß
› 'Prince Charles', hellblau
› 'Romantika', dunkelviolett
› 'Rubra', rot

Links:
In einem romantischen Garten
darf das klassische Traumpaar
Rose und Clematis nicht fehlen.

Oben rechts:
Wählen Sie beim Aussuchen der
Blütenfarben keine zu starken
Kontraste, dann entsteht ein
harmonisches Gesamtbild.

genau hinschaue, sehe ich, dass sich die Blüten wie Finger öffnen, um letztlich eine Bitte vorzutragen – welche, habe ich noch nicht herausgefunden. Nun verstehen Sie auch, warum Sie frühblühende Clematis nicht zu viel schneiden dürfen, denn sonst berauben Sie sich des herrlichen Blütenflors.

Bei den spätblühenden Arten und Sorten ist das anders, denn diese bilden ihre Blüten am diesjährigen Holz. Diese Clematis-Typen werden jedes Jahr zurückgeschnitten – und zwar an leichten Frosttagen am Ende des Winters. Dann schneide ich die Clematis radikal und im Regelfall knapp über dem Boden (in 15–30 cm Höhe) bis auf ein Paar Blattknospen ab. Dieses Abschneiden der sich schlingenden Ranken ist ein wahres Geschenk – für die Clematis, die nun kräftig neu austreiben und haufenweise Blüten bilden kann, und für mich. Aus den prachtvollen Ranken binde ich einen Kranz, der, an meine Haustür gehängt, alles miteinander verbindet – Haus und Garten, mich mit den anderen Menschen.

Die beste Soforthilfe: Kratzwunden, beim Zähmen von Rosen und anderem Dornigen zugezogen, Insektenstiche, Blasen – all dies lässt die Haut leiden. Pflücken Sie dann einfach ein Blatt vom Breit-Wegerich (der wächst gern dort, wo viele Menschen gehen) und zerreiben es auf der betroffenen Stelle. Das lindert dank dem im Blatt enthaltenen Wirkstoff Aucubin.

Beim Dreh: It's

Showtime!

Sendungen im „Kaffee oder Tee"-Garten haben immer einen besonderen Charme. Der Garten, der im Fernsehen so groß wirkt, hat in Wirklichkeit nur eine Fläche von 50 m². Er ist zwischen mir und den Kollegen aufgeteilt. Mein kleines Reich sind die Obstbäume und die Kräuterspirale, das Staudenbeet und die Hochbeete. Obwohl die Fläche so klein ist, lässt sich jeden Donnerstag hier viel Neues und Spannendes berichten.

Vor der Bruchsteinmauer verläuft eine Fahrbahn für die Kameras, meistens werden zwei auf Rollen benutzt. Eine weitere Kamera wird von der Schulter aus bedient, um die schönen kleinen Details einzufangen.

Die Requisiten müssen immer kameragerecht sortiert werden.

Wenn die Blumenfee mit dem Wetterfrosch plaudert ~~~~ *wachsen die Blumen noch besser.*

Zauberhafte Wasserwelten

*Laue Sommernächte, der Gesang der Nachtigall, das Zirpen
der Grillen begleitet das Konzert der Frösche. Schön ist es,
sich dieser ganz besonderen Stimmung hinzugeben. Es lässt
mein Herz danke sagen an diesem Juliabend.*

Ein Teich gehört in jeden Garten

**HERBSTARBEITEN AM
GARTENTEICH**

› alles abschneiden, was im
Wasser liegt
› Netz über den Teich spannen,
um das Wasser vor herabfal-
lendem Laub zu schützen;
dieses vor den ersten Nacht-
frösten (November / Dezember) mitsamt den darin
gefangenen Blättern wieder
entfernen
› möglichst viele Pflanzen im
Teich belassen, weil durch
deren Bewegung auch das
Wasser nicht zur Ruhe kommt;
so verzögert sich das Zufrie-
ren des Teiches
› Pumpen und Filter entfernen
(sofern sie keine 40 cm unter
der Wasseroberfläche angebracht sind)

Dafür gibt es viele Gründe. Wasser übt seit jeher eine große Faszination und
Anziehungskraft auf uns Menschen aus. Wasser weckt eine ganze Palette von
Empfindungen und Emotionen. Wasser ist Leben und Erfrischung. Auf der
glatten Oberfläche eines Teichs spiegelt sich der Garten und eine neue Dimen-
sion in der Wahrnehmung entsteht. Fließendes Wasser ist wie Musik: Der
gleichmäßige Klang wirkt meditativ-beruhigend auf unser Gemüt. Er lädt ein,
in sich zu gehen, und die Gedanken neu zu ordnen. Und es bringt Bewegung
in den Garten und erzeugt ein positives Mikroklima, in dem viele Pflanzen
hervorragend gedeihen.

Spieglein, Spieglein ...

Gern versorge ich das Wasser in meinem Teich mit allem, was es braucht.
So wird es nicht algenschwer, sondern bleibt glasklar für die Spiegelung
des Mondes. Zunächst braucht der Teich ausreichend Sauerstoff. Gerade
im hitzeschwirrenden Sommer, wenn das Wasser tropische Temperaturen
erreichen kann, ist der Sauerstoffgehalt des Wassers enorm wichtig. An den
freundlichen Teichbewohnern können Sie erkennen, wenn die Luft dünn wird
im begrenzten Wasserraum. Dann verhalten sich die Fische wundersam, sie
scheinen zu rufen, wenn sie an die Wasseroberfläche steigen und intensive
Mundbewegungen machen. Besonders am frühen Morgen rufen sie um Hilfe,
denn durch den nächtlichen Sauerstoffverbrauch der Wasserpflanzen sinkt
der Sauerstoffgehalt noch mehr. Schnell helfe ich ihnen in ihrer Not und verbinde die Elemente Wasser und Luft durch Springbrunnen, Wasserspiele oder
einen Bachlauf mit Stufen. Auf diese Weise schicke ich ihnen Sauerstoff.

Staunen über die Schaffenskraft der Natur ...

... lassen mich stets die Teichmuscheln. Jede einzelne von ihnen filtert jeden
Tag die Schwebstoffe aus bis zu 400 Litern Wasser heraus! Ihnen bereite ich
ein 2–3 cm tiefes Sandbeet am stillen Grund. Drei bis vier Muscheln reichen
für einen normal großen Gartenteich.
Ein wenig abseits, denn sie lässt sich nicht gern vom Springbrunnen kitzeln,
sorgt die Seerose durch ihren großen Appetit auf Nährstoffe für spiegelklares

Links:
In meinem Teich leben viele
Wasserschnecken.

Ich sitze so gern auf meiner
Holzterrasse am Teich und
kuschele mit Teddy.

Wasser. Seerosen sind sehr beliebt, vielleicht weil sie auf die Nymphen in der griechischen Mythologie zurückgehen. Diese Nymphen waren hübsche, dem Menschen freundlich gesinnte Naturgeister, die in Quellen, Seen und Bächen lebten. Dummerweise verliebte sich eine Nymphe in Herakles, den berühmten altgriechischen Sagenhelden, der ihre Liebe jedoch nicht erwiderte. Schließlich starb sie an gebrochenem Herzen. Die Götter hatten Mitleid mit der Nymphe und ließen sie in Gestalt einer wunderschönen Blume, der Seerose, wieder auferstehen. Rührend, diese griechische Sage.

Auch andere Wasserbewohner sorgen dafür, dass der Stickstoffgehalt im Wasser nicht zu hoch wird und sich Ihr klarer Gartenspiegel nicht in eine grüne Hölle verwandelt. Wasserhyazinthen (*Eichhornia*) und Schwimmfarn (*Salvinia*) gehören dazu, sie schwimmen auch in meinem Teich. An den Teichrand, dort, wo es feucht ist, setze ich Sumpf-Dotterblume (*Caltha palustris*), Blut-Weiderich (*Lythrum salicaria*), Japanische Sumpf-Schwertlilien (*Iris ensata*), Schilf (*Phragmites*) und Seggen (*Carex*). Sie sind die schönsten Landeplätze für die juwelenäugigen geheimen Libellenwesen, zart und scheu, mit Flügeln, die hauchgleich wie Regenbogen schimmern.

Wasser im Wohnzimmer: Auch in Räumen können Sie eine faszinierende Wasserpflanzenwelt gestalten. Das geht ganz einfach und ist überaus dekorativ. Vasen, Schalen, Schüsseln oder dickbauchige Flaschen sind geeignet, Sie brauchen kein Aquarium. Nun belegen Sie den Boden des Gefäßes mit weißem Kies, Murmeln oder Glaskies. Darin setzen Sie kleine Tontöpfchen mit Wasserpflanzen: Zwerg-Kalmus (*Acorus grammineus,* grünblättrig), Pfennigkraut (*Lysimachia aurea,* gelbblättrig) und Schmuckblatt (*Hemygraphis exotica,* rotblättrig) wirken in Gruppen sehr schön.

... ohne wilde Ecken hätte nicht nur der Igel ein Problem.

Natur im Garten: Wild ist sexy

Wild muss es sein an so manchen Tagen im Leben und unbedingt auch an manchen Stellen in meinem Garten. Sexy ist auch gut. Was das Wilde so sexy macht, sind seine Bewohner: All die großen und kleinen Dauerbrummer sorgen für Pflanzennachwuchs und reiche Ernte.

Haben Sie Ihren Garten jemals so gesehen?

So sexy, meine ich. Wenn der Sex fehlt, gibt es auch keine Früchte und das wäre doch sehr schade. Und damit die sogenannten Nutzinsekten kommen und bleiben, lasse ich an einigen Stellen im Garten Wildwuchs zu und lege gezielt „wilde Ecken" an. Es ist von unbezahlbarem Nutzen, Gäste wie Marienkäfer, Florfliegen, Raubwanzen und Ohrwürmer einzuladen, Hummeln, Wildbienen und Schmetterlinge sowieso. Sie alle finden Platz in so schönen Hotels mit Restaurant wie Hecken, Gebüsche, Stein- oder Holzhaufen. Dort verbergen sie sich im Winter und können sich schon frühzeitig im Jahr vermehren. Dankbar stürzen sie sich dann im Frühjahr auf Blattläuse und andere unliebsame Mitesser.

Wildes für wilde Ecke

Keine Sorge, einer wilden Ecke muss man es nicht ansehen, das sie eine ist! Meine Ecke versteckt sich hinter einem Gerüst aus Haselstecken. An diesen rankt sich die wuchsfreudige Rambler-Rose 'Paul's Himalayan Musk' mit unvergleichlichem Moschusduft zu ungeahnten Höhenflügen empor, begleitet von einer mir namentlich unbekannten Schönheit von Clematis. Niemand ahnt, dass sich dahinter meine „Befruchtungsstation" befindet.
Damit sich tatsächlich Artenvielfalt einstellen kann, wachsen Efeu (*Hedera helix*), Vogelbeeren (*Sorbus aucuparia*) und Wild-Rosen im wilden Eck. Ein echter Schmetterlingsleckerbissen im Frühjahr ist mein Duft-Schneeball (*Viburnum × burkwoodii*). Das immergrüne, bis zu 3 m hohe Gehölz mit den magisch duftenden, hellrosa Blüten ist attraktiv für die ersten Tagfalter im Jahr wie Kleiner Fuchs und Tagpfauenauge. Die Weigelie muss mit in die wilde Ecke, denn der lang anhaltende Blütenflor von Mai bis Mitte Juni ist für zahlreiche Nachtfalter attraktiv. Und mein neuester Freund, die Kolben-Spiere (*Spiraea billardii*) mit ihren rosa Blütenrispen, zieht Tagfalter wie Landkärtchen, Braunauge und Weißlinge an.

Zimmer frei! An diesem geschützten Plätzchen kommen gerne Insekten zu Besuch.

Ein Insektenhotel lässt sich
mit wenigen Materialien
in einer Obstkiste errichten.

Mein Freund im Stachelkleid

Nun sprach ich viel von schönen Fliegern – doch ich muss gestehen, der
Hauptgrund für ein immer gut versorgtes wildes Eckchen sind meine kleinen
superlauten Gartenfreunde. In einen von ihnen, ich bilde mir ein, es ist immer
derselbe, bin ich regelrecht verliebt. Drollig sind die Igel, wenn sie schmat-
zend ein Mahl in der Abenddämmerung einnehmen. Am Tag – und über den
Winter – schlafen sie im Igelparadies, das ich jedes Jahr im Herbst neu für
sie baue, denn guten Freunden bietet man doch ein Gästezimmer an! Mein
liebevolles Igelquartier lege ich im verwunschenen Eck an – mit all dem Laub,
das kunterbunt von den Bäumen fällt, Krautigem von meinen Stauden und ein
paar Ästen, die ich vom Rückschnitt der Frühjahrssträucher aufgehoben habe.
Hoch gestapelt und gut gestützt kommt zuletzt noch ein kleines Regendach
darüber, oft reicht ein alter Schirm. Und nun sollen sie kommen, sich aus-
schlafen und im nächsten Frühling alle Nacktschnecken verputzten ...

SCHRITT FÜR SCHRITT

Schneiden Sie viele Holunderzweige in gleich lange Stücke
und bündeln Sie sie.

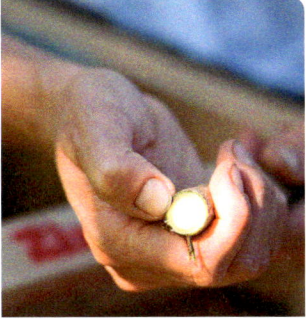

Verwenden Sie für Wildbienen-
hotels nur Laubholz und kein
Nadelholz.

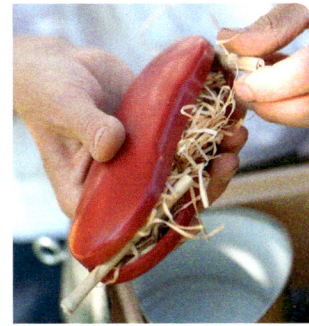

Auch ein altes Brillenetui
kann ein Zimmer werden, hier
für Florfliegen.

Im alten Kinderwagen kann ich sonnenhungrige Pflanzen der Sonne hinterherschieben.

Viel zu schade für die Mülltonne

An manchen Dingen hängt einfach das Herzblut, obwohl sie in die Jahre gekommen sind. Wenn auch Ihr Haus bald aus allen Nähten platzt, geben Sie sich einen Ruck – und raus damit an die frische Luft ...

Alles Zweitverwertungen

Den Kinderwagen, in dem einst meine drei Kinder unter dem Kirschbaum schliefen, traf es als Erstes. Ich verwandelte ihn in ein Naschgärtchen. Dazu packe ich einfach einen Sack Erde hinein und pflanze Minitomaten, Basilikum, Thymian und Kletterzucchini hinein. Nun reisen die Kräuter stets der Sonne hinterher und fangen das Aroma am sonnigsten Platz im Garten ein. Doch nicht genug, unten auf der Ablage wachsen Petersilie, Sauerampfer und Schnittlauch, die es schattiger möchten.

Ein Bett statt Beet wird sehr gern angenommen. Dazu bauen Sie Ihr altes Bett an einer exponierten Stelle im Garten auf und pflanzen Bodendecker-Rosen 'The Fairy' in Rosa und Rot hinein. Das Service von Tante Grete fand schon lange nicht mehr so viel Beachtung wie jetzt, wo es als Mobile den alten knochigen Apfelbaum schmückt, bevor es die Äpfel und Rambler-Rosen tun. Ach ja, die Himmelsstürmer, auch sie sollten Kunst genießen: Alte Stühle kunterbunt bemalt, zu einem „Turm Himmelhoch" zusammengebaut gibt jedem Kletterkünstler den richtigen Halt.

Kartoffelwasser und Kaffeesatz – so mancher Biomüll birgt einen Schatz!

Man glaubt es kaum, doch wenn ich mal in Fahrt und auf der Schatzsuche bin, mache ich selbst nicht vor der Biotonne halt! Biomüll ist tatsächlich manchmal eine wahre Fundgrube an hochwertigen Pflanzenstärkungsmitteln. Zimmerpflanzen haben es uns Menschen vermutlich abgeguckt, aber sie sind echte Liebhaber verschiedener Brühgetränke: Schwarzteereste sind ideales Gießwasser für Farne. Kräutertee stärkt alle Zimmerpflanzen und das Kochwasser von Kartoffeln (ohne Salz) enthält viele Pflanzennährstoffe, die direkt für die Zimmerpflanzen verfügbar sind. Gießen Sie einfach Ihre Pflanzen damit. Obwohl Kaffeesatz und Teeblätter auch gern von der einen oder anderen Zimmerpflanze genommen werden, sollten Sie diese Rohstoffe lieber im Garten verwenden. Teeblätter geben Sie unter Rhododendren, Farne und alle Pflanzen, die etwas sauren Boden möchten. Der Kaffeesatz gehört ohne Papier auf den Kompost – Kompostwürmer lieben Kaffee, denn dieser regt sie anscheinend zu Höchstleistungen an.

Größere rohe Kartoffelstücke, in betroffenen Beeten ausgelegt, sind unglaublich effektiv im Kampf gegen Drahtwürmer. Nachher im Müll, nicht im Kompost entsorgen oder verbrennen.

Zwiebelschalen verjauchen Sie zum echten biologischen Kampfmittelchen gegen Pilze-Erkrankungen wie Krautfäule oder Grauschimmel bei Erdbeeren. In seiner Wirkung steht der Knoblauch der Zwiebel in nichts nach.

Auch die Schalen von Zitrusfrüchten, von jedem guten Kompostierer mit einem Fluch belegt, verjauche ich zu einem ultimativen Mittel gegen überhandnehmende Ameisen. Gießen Sie die Jauche in die Bauten von Ameisen, die Ihren Garten unsicher machen oder ins Haus hinein wollen. Und beim nächsten Omelett oder Kuchenbacken, denken Sie daran, dass Eierschalen, von Bioeiern selbstverständlich, aus fast reinem Kalzium bestehen und klein gerieben bestens den pH-Wert des Bodens stabilisieren. Sie sehen, unglaubliche Schätzchen begleiten unseren Alltag!

DARF HOLZASCHE AUF DIE BEETE?

Immer mehr Holz wird im Haushalt verbrannt und es entsteht Asche. An sich ist Asche ein biologisch reiner Stoff, der als Dünger eingesetzt werden könnte, vorausgesetzt, es handelt sich um die Asche von unbehandelten Hölzern! Dennoch dürfen Sie Ihre Holzasche nicht im Garten ausbringen, es ist nicht erlaubt.

Wo viele reife Früchte sind … sind Fruchtfliegen nicht weit, gerade jetzt im Herbst. *Drosophila* heißen die kleinen Fliegen mit wissenschaftlichem Namen und sie sind, Sie werden's kaum glauben, die besterforschten Lebewesen auf der Erde. In großen Symposien treffen sich alljährlich Tausende von Wissenschaftlern aus der ganzen Welt, nur wegen diesem kleinen Zweiflügler. Sie jedoch wollen sicherlich nicht Fruchtfliegen erforschen, sondern loswerden. Das geht so: Mischen Sie in einem Schälchen Wasser 1:1 mit Obstessig und geben noch ein paar Tropfen Spülmittel dazu – Schälchen aufstellen und weg ist sie, die Plage.

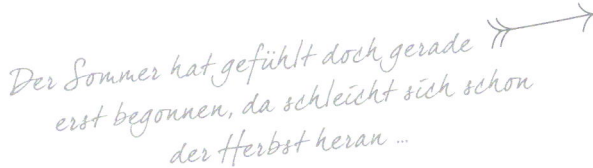

Der Sommer hat gefühlt doch gerade erst begonnen, da schleicht sich schon der Herbst heran …

Ich heiße den Herbst willkommen ...

... mit offenen Augen und offenem Herzen. Schon an manchen Septembertagen zieht er bei uns ein. Dann beginnt der Tag mit einem Hauch von Nebel und leichtem Frösteln. Auf dem Frauenmantel sammeln sich große Tropfen, kummerfrei, gleich kleinen Freudentränen.

Das Gartenjahr rüstet sich zum Finale

Ich beginne mit der Arbeit im Garten. Feuchtigkeit legt sich auf meine Haut und ich spüre wie der Sommer ganz leise Abschied nimmt. Es riecht nach Erde und Ernte und auch ein wenig nach Vergänglichkeit. Die Farben der Blumen bekommen einen besonderen Ton, warm und strahlend, als ob sie ein Bild in unsere inneren Augen malen möchten, als Erinnerung während des langen Winters.

Herbst-Anemonen aus meiner Kindheit

Ganz besonders erfreuen mich die Herbst-Anemonen in meinem Garten. Ihr Anblick versetzt mich in meine Kindheit zurück, als ich glaubte, Elfen würden auf ihnen schaukeln. Manchmal konnte ich sie schier sehen, damals. Herbst-Anemonen stehen gerne im lichten Schatten großer Bäume, die sie den ganzen Tag in ein wechselndes Lichtspiel tauchen. Damit die Anemone bis zum großen Finale blüht, braucht sie einen offenen Boden ohne starke Konkurrenz. Heute entferne ich alle Beikräuter um sie herum, mit den Händen und auf dem Boden kniend. Meine Hände tauchen in den Boden und nehmen Kontakt zur Erde auf, dem Elementarsten, das es für mich gibt. Herrlich, an diesen Herbsttagen lodert die Natur und man spürt, dass sie bald ausgelassen verschwenderisch mit Blättern, Kastanien und Eicheln um sich wirft.

Den Herbst in Körbe gepflanzt

An sonnigen Tagen, an denen das besondere Licht die Natur golden färbt, hat der Herbst eine ansteckende Fröhlichkeit. Diese Tage sind die besten, um sich von der Schönheit der Herbstblumen noch einmal einfangen zu lassen. Großeinkäufe auf dem Markt sind dann ein Muss für mich. Ich kaufe Chrysanthemen, Herbst-Astern, Veronika, Alpenveilchen. Und Schmuckblattpflanzen in Silber wie Heiligenkraut und Silbernessel und in Gold wie Gold-Salbei und Gold-Pfennigkraut. Damit ich dem bunten Herbst ein wenig Konkurrenz machen kann, besorge ich auch noch ein paar kunterbunte Stauden: Fette Henne, buntblättrigen Efeu und Zier-Kohl. So beladen kommt der schönste Teil: Ich pflanze, am liebsten in große Körbe.

Die einfach blühenden Sorten der Herbst-Anemonen sind unempfindlich und benötigen eher etwas Konkurrenz, damit sie nicht durch den ganzen Garten wandern.

Dahlien gehören zu den Blumen, die man einfach manchmal streicheln muss.

Ich mag die großen alten Apfel- oder Kartoffelkörbe. Sie geben meinen Pflanzen etwas Geborgenes, etwas Sattes. Sehr viel Arbeit mache ich mir beim Pflanzen aber nicht: Der Sack mit der Pflanzerde passt perfekt in den Korb, deshalb kommt er komplett hinein. Vorher habe ich ihn unten noch durchlöchert, damit niemand nasse Füße bekommt. Oben öffne ich ihn und dann hinein mit den kleinen Freunden des Herbstes.

Die großen Freunde bewundere ich nach getaner Arbeit. Auf meiner Terrasse steht der absolute Meister der Herbstfärbung – ein Fächer-Ahorn (*Acer palmatum*). Solch einen Baum sollten Sie sich auch gönnen! Und er lässt sich sehr gut im Kübel in Szene setzen. Ich empfehle ebenfalls einen Gingko 'Mariken'. Dies ist ein langsam wachsender Ginkgo, der auf einem normalen Gingko veredelt wurde. Dadurch bildet sich eine wunderschöne Krone und ein elegantes Stämmchen. Seine hübschen Blätter passen zu verregneten Herbsttagen. Denn dann können Sie den Baum mit Muße bewundern und begreifen, welch Kraft er in sich trägt: Als nach der Atomexplosion in Hiroshima und Nagasaki Menschen, Tiere und Pflanzen den Tod fanden und nichts mehr auf dem verbrannten Boden wuchs, brachte als einzige Pflanze ein Ginkgo, obwohl total verkohlt, im nächsten Frühjahr einen frischen Spross hervor und wuchs zu einem großen Baum heran. Dadurch wurde er zum Symbol der Hoffnung.

In alten Obstkisten lassen sich mit wenigen Pflanzen und etwas Dekoration wunderschöne Herbstimpressionen schaffen.

Auch in meiner Wohnung macht sich der Herbst nun breit.

Meine Zimmerpflanzenlieblinge

Nur wenn die Temperatur während der Ruheperiode der Klivie abgesenkt wird, bilden die Pflanzen Blüten aus.

Ein Zimmer ohne Pflanzen ist für mich wie ein Buch ohne Seiten. Viele habe ich im Laufe meines Lebens geerbt, doch nicht jede dieser Pflanzen wurde so alt wie die Klivie und der Kaktus meiner Tante Grete.

Die Klivie von Tante Grete

Als ich klein war, war ich oft bei Tante Grete. Ich liebte sie und ihre herrlich überdekorierte Wohnung. Sie war damals für mich eine Zauberwelt aus Plüsch, Rüschen, Nippes und natürlich Zimmerpflanzen. Es ist schon gefühlte hundert Jahre her, seitdem sie verstorben ist – und Klivie und Kaktus zu mir kamen. Seither bin ich viel gewandert, von meinem Kinderzimmer über die Studentenbude in mein jetziges Haus, die alte Schule im Dorf. Und immer waren die beiden dabei.

Zum Glück ist die Klivie so pflegeleicht, denn sonst hätte sie meine wilden Studentenjahre sicher nicht überlebt. Sie hat es und wird nun von Jahr zu

Jahr immer schöner, meine alte, doch sehr schwere Freundin. Sie bevorzugt die großen Schulsaalfenster meines Hauses, an denen sie die Morgensonne stressfrei genießen kann. Einen direkten Platz in der starken Mittagssonne verträgt sie nämlich nicht. Gut, dass ich mit einem großen Kamin heize, denn Zentral- oder Fußbodenheizung verhindern garantiert die nächste Blüte. Zur völligen Entwicklung kommen die Blüten nur, wenn ab Oktober eine 60-tägige Ruheperiode bei Temperaturen von 10 – 12 °C eingehalten wird – und die bekommt meine Klivie. Während der Ruhezeit vergesse ich sie etwas, gieße sehr wenig, stelle es aber nicht komplett ein. Wenn dann der Blütenschaft fast ein wenig neugierig aus den Blättern lunzt, gebe ich ein wenig mehr Wasser, dem ich alle ein bis zwei Wochen, etwa bis August, Dünger zusetze (0,2 – 0,3-prozentige Volldüngerlösung, also 2 – 3 g Dünger pro Liter Wasser). Unser Gießwasser kommt direkt aus einer Quelle, darum muss ich es nicht enthärten.

Hin und wieder schenke ich meiner Klivie ein wenig Wellness, eine Art Blattmassage: Dabei entferne ich den Staub, dass sie besser atmen kann. Möchte Ihre Klivie nicht so prächtig blühen wie die von Tante Grete, stellen Sie sie doch versuchsweise von Mai bis Oktober an einen schattigen Ort im Garten. Und bei einem so schönen Ausblick schiebt sie sicherlich auch bei Ihnen bald ihre Blütenschäfte hervor.

Mein kleiner grüner Kaktus

Ein wenig anders sieht es mit dem Kaktus aus. Er hat in den Jahren eine stattliche Größe erreicht und lässt sich nicht mehr nach draußen transportieren. Ich muss sagen, wir haben uns so aneinander gewöhnt. Wenn er schwächelt, spiele ich ihm „Mein kleiner grüner Kaktus" von den Comedian Harmonists vor. Sie wissen schon „... hollari, hollari, hollaro". Mein Kaktus hat nämlich ein Problem: Seit vergangenem Jahr hat er Schildläuse, von einem neuen Mitbewohner, einer wirklich edlen Orchideendame, eingeschleppt. Und nun leidet er und ich habe den Napfschildläusen den Krieg erklärt. Meine kleinen Krieger sind Erzwespen (mit dem unaussprechlichen Namen *Coccophagus lycimnia*, Kämpfer gegen die Halbkugelige und Schwarze Napfschildlaus) und Schlupfwespen (*Microterys flavus* bekämpfen die Gemeinen Napfschildläuse). Ich habe sie ganz einfach im Internet bestellt, die Lieferung erfolgt, nur bei angenehmen Temperaturen, direkt ins Haus. Nun überlasse ich den kleinen Kriegern meinen uralten Kaktus, hoffentlich ist er bald wieder glücklich!

Wärme, viel Sonne und ein nicht zu nasser Boden sind bei vielen Kaktus-Arten die wichtigsten Voraussetzungen für ein gutes Gedeihen.

Gutes für mich und meine Pflanze: Teilen Sie sich doch einmal ein Bier mit Ihrem Gummibaum! Mischen Sie eine halbe Flasche Bier 1:1 mit kaltem Wasser. Das ist das ultimative Blattglanzpflegemittel, das Sie sanft mit einem weichen Tuch auf die Blätter reiben. Und nun wird's spannend: Die andere Hälfte des Biers verdünnen Sie 1:2 mit angenehm warmem Wasser und geben es als Spülung in Ihre Haare. Sie und Ihr Gummibaum werden einen glänzenden Auftritt haben!

Herbst in der Blumenvase

Wenn eine Jahreszeit zur Vergeudung neigt, dann ist es für mich der Herbst: Die schweren Samenstände des Fuchsschwanzes sind diesen Sommer wieder besonders schön. Und immer wieder faszinieren mich seine anderen wundervollen Namen: Kiwicha, Amaranth ...

Wirklich, das sind traumhafte Kombinationen

SO BINDEN SIE EINEN STRAUSS

Schritt 1: Blumen und Dekoratives sortiert auf Häufchen legen. Ganz sorgfältig mit den Fingern die Blätter bis zur Bindestelle abziehen, damit sie im Wasser nicht faulen. Dornen mit dem Messer entfernen.

Schritt 2: Ganz klar, der Klassiker ist die Halbkugel. Dafür mittig mit der Hauptblüte beginnen, rundherum alles andere harmonisch verteilen. Größere Blüten sorgen innen für den Ruhepunkt, Dekoratives und Grünzeug dazwischen füllt und umrahmt.

Schritt 3: Der fertige Strauß wird mit Naturbast eng umwickelt. Mit der Rosenschere nun den Strauß auf Vasenlänge kürzen. Die einzelnen Stiele dann mit dem Messer schräg anschneiden.

Bevor ich den Amaranth pflücke, schüttle ich ihn immer ein wenig. Samt er dabei zu sehr aus, muss er stehen bleiben und für neue Baby-Amaranth sorgen. Die nicht samenden, lustig schaukelnden Stängel ernte ich und stelle sie sofort in einen Eimer Wasser neben mir. In dem Eimer haben noch mehr Blumen Platz, denn mein Garten schenkt mir viel zu viele und unwiderstehlich schöne. So ruft ganz leise *Aster novae-angliae* 'Rosa Sieger', eine meiner Raublatt-Astern: „Schau, welch wunderbare Farbe, ich passe perfekt zum Fuchsschwanz." Aber auch im Blumenbeet ist diese Aster nicht zu schlagen. Ich bin begeistert von ihrer freundlichen Art, die niedlichen dunkelrosa Knospen und hellrosa Blüten ergeben ein harmonisch verspieltes Farbbild. Und 5 cm Durchmesser pro Einzelblüten sind auch nicht zu verachten.

Ihre Nachbarin, die wirklich stattliche 150 cm hohe *Aster lateriflorus* mit lilarosa Rispenblüten stimmt ein: „Ich will mit ins Haus und auch bewundert werden." Doch ausgeschlossen, denn diese Astern-Art ist für Blumensträuße nicht geeignet, da sich ihre Blüten am Abend schließen. Das würde struppig wirken. Ein richtig freundliches Gesicht erhält mein Strauß durch Pauline. Das ist nicht meine Nachbarin, sondern 'Alpen Pauline', eine Schönheit unter den Dahlien der Kategorie Dekorative Dahlien. Sie liefert 25 cm große Blüten, die rosa-purpur gesprenkelt sind, für meinen Strauß.

Nun schneide ich auf dem Weg zum Gartentisch noch Beliebiges, hier die Fruchtstände vom Perückenstrauch, da Lampenputzergras und eine bizarre Brombeerranke, dort die eine oder andere Hortensienblüte.

Huch, was macht die Henne im Strauß? Die Fette Henne (*Sedum spectabile*) ist kein mit Kuchenresten überfüttertes Haustier, sondern eine der anspruchslosesten Stauden in meinem Garten. Überall wächst sie an trockenen, sonnigen Plätzen und setzt sie damit in Szene. Und zwar gar nicht ordinär, wie manch einer meint, sondern in meinen Augen auf üppigste Weise. Die Fetthenne ist ein Multitalent und hält auch im Blumenstrauß sehr lang. Wohl versorgt im Blumenwasser bildet sie meist Wurzeln und manchmal sogar schon Triebe. Die stecke ich in den Boden und schon ist wieder ein trockenes Plätzchen verschönert.

Oben rechts:
Amaranth, Dahlien und Astern
machen diesen Strauß zu
einem üppigen Kunstwerk.

Oben links:
Es gibt nichts Schöneres als
einen richtig großen Strauß im
Garten zu pflücken.

Jetzt geht's los

Auf meinem, nun auch schon in die Jahre gekommenen, mit vielen Macken übersäten Gartentisch sortiere ich meine Schätze. Zum Binden eines schönen Straußes nehme ich immer Naturbast. Er hält meine Blumen in Form, ohne sie einzuengen, und er ist ideal zum Zwischenbinden von großen Sträußen. Sicher kennen Sie das: Die Hände sind einfach nicht groß genug, um alle Stängel auf einmal zuzubinden, gut so, sonst hätten wir ja Pranken. Dann leistet der Bast gute Hilfe. Ach ja, den Naturbast bitte auch in der Vase um die Stängel lassen.

Ganz wichtig zum Binden von Blumensträußen ist mein gutes Messer mit der schon fast sichelförmigen Klinge und dem handschmeichelnden Holzgriff. Es ist super scharf, es schafft ohne Mühe all die kleinen Dornen und Stielchen weg und macht einen sauberen Anschnitt der Stiele. Die Rosenschere liegt ein wenig abseits, damit ich sie nicht unter der ganzen floralen Pracht suchen muss; mit ihr bringe ich den Strauß nach der Erschaffung auf die optimale Länge. Da, wie auch im richtigen Leben, das eine oder andere ein wenig Stütze braucht, kommt der Stützdraht mit auf den Tisch.

Einen besonders üppigen Strauß binde ich für die Vase im Haus, einen zweiten für die Terrasse (unbedingt daran denken, Steine in die Vase zu legen, damit der Wind sie nicht umschubsen kann). Aus den Resten kreiere ich ganz im Sinne der Nachhaltigkeit eine florale Schale.

Gesund durch den Winter ...

... sollen auch meine floralen Mitbewohner kommen. Darum nehme ich mir nun viel Zeit für Gartenschönheiten, vor allem für die von mir eingekübelten. Jutesäcke oder Kokosmatten lege ich als kuschelig warmen Schutz um die Töpfe meiner winterharten Kübelpflanzen – ein kleines Dankeschön für die freundlichen Blüten des vergangenen Jahres und in leiser Hoffnung auf ein herzerfreuendes Aufblühen in der nächsten Saison. Auch nasse Füße können strapaziös werden, also entferne ich beim Einschlagen auch die Untersetzer. Sie stehen gern voll Wasser und bringen die Wurzeln zum Faulen. Wer möchte schon faule Pflanzen?

Doch damit bin ich noch nicht ganz von meiner Fürsorgepflicht befreit. Die als Hochstämme herangezogenen Fuchsien, die Margeriten (Chrysanthemen), Wandelröschen, Pelargonien, aber auch Oleander, Orangen- und Zitronenbäumchen haben den ganzen Sommer unsere Terrassen geschmückt, doch nun wollen sie ruhen. Optimal wäre mein Gartengewächshäuschen, das durch eine Heizung Temperaturen von etwa 6 °C hält – doch es ist zu eng. Geeignet wäre natürlich auch ein Wintergarten, aber leider habe ich keinen. Deshalb werden sie, trotz heftiger Bedenken, da es oft zu warm und zu dunkel für sie ist, Gäste in meinem Haus: Alle kühlen, frostfrei gehaltenen, hellen Abstellräume werden für ein paar Monate ihr Quartier.

Wie so oft im Leben ist zu viel genauso ungesund wie zu wenig. Das gilt im Winterlager genauso wie auf Balkon und Terrasse: Gelegentliches Gießen der Topfpflanzen ist nun oberste Pflicht, da im Winter oft, Gott sei Dank, die Sonne scheint. Die Pflanzen verdunsten über die Blätter recht viel Wasser bei Winterwind und Sonne. Aber wie gesagt in Maßen, denn ob es schlimmer ist zu verdursten oder zu ertrinken – diese Frage möchte ich mir im Frühling nicht stellen müssen.

James, der Riesen-Kürbis

Gerade die Energie strotzende Erde aus dem Kompost ist die Lebensgrundlage für einen echten Trendsetter, den Kürbis. Und dick kann der werden! Der derzeitige Rekord liegt bei mehr als 440 kg – für einen einzelnen Kürbis wohlgemerkt!

Ein gelber runder Nimmersatt

Richtig dicke Kürbisse bekommen Sie, wenn Sie nicht mehr als zwei Früchte an der Pflanze lassen. Dann kommen alle Nährstoffe nur diesen beiden Früchten zu. Ein Kürbis braucht richtig viel Futter und eine passende Umgebung noch dazu, sonst platzt er. Also gebe ich ihm einen tiefgründigen, humusreichen Boden, den ich zuvor gelockert und mit ganz viel Kompost plus 50–80 g Hornspänen pro m² angereichert habe, sowie einen sonnigen Standort. Jetzt wächst er und wächst und wächst und trinkt und isst und wächst und wächst. Doch ein Riesenkürbis muss es ja nicht immer sein – es wird vielleicht auch ein wenig zu viel Suppe aus 440 kg Kürbisfleisch, nicht wahr?

Kürbis zur Auswahl

Ich beschränke mich auf vier besonders köstliche Kürbisse. Da wäre der 'Bleu de Hongrie' mit heller, blaugrauer bis weißlicher Schale und festem Fruchtfleisch, das fast als „Fleisch" für Vegetarier durchgehen könnte und bestens zum Braten geeignet ist. Mein zweiter Freund ist der Hokkaido-Kürbis, Uchiki Kuri oder auch Zwiebel-Kürbis genannt. Er ist kräftig orange, leicht gerippt und rund. Sein herrlicher, an Maronen erinnernder Geschmack macht ihn so besonders. Und er enthält sehr viel Carotin.

Doch wer es besonders zart mag, greift zum Turban-Kürbis. Er eignet sich bestens zum Füllen mit köstlichen Zutaten: Dazu einfach den Turban abschneiden, Samen entfernen, füllen, schmoren und schon hat man das beste Gericht! Der letzte meiner vier Kürbisfreunde ist der Butternut – buttrig weich (was anderes würden wir bei dem Namen auch nicht erwarten) und sehr lecker mit süßem, sahnigem Geschmack, der bei der Lagerung noch intensiver wird.

Lagerbar, teils bis ins Frühjahr, sind nur die ausgereiften Kürbisse. Sie erkennen sie daran, dass die Stiele die saftig grüne Farbe verloren haben.

Lecker, sehr lecker

Doch vor dem Genuss gibt's Arbeit, denn erst muss ich den Kürbis kleinkriegen. Mein ultimatives Rezept zum Zerlegen des Kürbis unter Verhinderung von Blasen an der Hand lautet: den Kürbis bei 200 °C für 40–60 Minuten backen, dann zerkleinern oder – falls es ein Zwerg unter den Riesen ist, zuerst einstechen, dann im Ganzen kochen, zerkleinern, entkernen und schälen. Die Samen – Kürbiskerne genannt – werfen Sie nicht auf den Kompost, nein

Wer besonders große Früchte erzielen möchte, sollte nicht nur gut düngen und wässern, sondern nur wenige Fruchtansätze an der Pflanze lassen, notfalls sogar nur einen.

DIE BESTEN KÜRBISSE FÜR DIE KÜCHE

› Mikrowellen-Kürbis: Minikürbis, für die Zubereitung in der Mikrowelle geeignet; halbieren, entkernen und 5 Minuten darin garen
› 'Muscat de Provence': kräftig oranges Fruchtfleisch, schmeckt sehr intensiv, roh oder gegart genießbar
› 'Early Butternut': birnenförmig, ungefähr 1 kg schwer, auch für kleinere Mahlzeiten geeignet
› 'Jack be little': Mandarinen-Kürbis, halbieren und füllen, in Mikrowelle oder im Backofen garen
› 'Hokkaido': kräftig oranges Fruchtfleisch, aromatisch, roh oder gegart lecker, auch gebraten; sehr dünne Schale, muss nicht unbedingt entfernt werden

nein, sie werden gesammelt. Wir brauchen alle, jeden einzelnen. 10 Prozent zum Aussäen im nächsten Jahr, 90 Prozent zum Knabbern. Die ausgelöffelten Kürbiskerne lege ich zuerst in kuschelig warmes Badewasser und lasse sie darin ein bis zwei Tage gären. Das muss sein, damit sich die Reste des Fruchtfleisches lösen. Anschließend spüle ich die Samen in einem Sieb ab, lasse sie abtropfen und lege sie zum Trocknen auf Küchenkrepp. Wenn die Samen völlig trocken sind, sortiere ich zunächst das Saatgut (10 Prozent!) aus. In ordentlich beschrifteten Butterbrottüten, damit ich im nächsten Jahr noch weiß, um welche von den etwa 800 Kürbis-Arten es sich handelt, warten die Samen dann in einem Schraubglas auf ihren Einsatz. Die anderen Kürbiskerne landen bei Chips, Flips und anderem Knabbergut.

Dann ran an die wundervolle Kürbisfrucht. Kürbis schälen, das leckere Fleisch in Stücke schneiden. Mit Gelierzucker 1:1 mischen und einige Stunden abgedeckt stehen lassen. Mit dem Pürierstab zerkleinern und mit geriebenem Ingwer, gemahlenen Nelken und Zimt vier Minuten sprudelnd kochen lassen, danach einen Schluck Obstbrand, Pfirsich- oder Orangenlikör genießen, nein hinzufügen. Sofort in saubere Schraubdeckelgläser füllen und verschließen. Und dann morgens, mittags, abends naschen!

Was wäre der Herbst ohne Kohl: Ein echter Hingucker ist der Kohl im Kochtopf und oft reichen ein paar Blätter aus, um eine kleine leckere Beilage zu zaubern. Aber auch im Garten ist er hinreißend – vor allem der Grün-Kohl. Zu Blumen jeglicher Art passt die Sorte 'Lerchenzunge', zu allen weißen und blauen Blüten die Sorte 'Redbor' mit den lustig violetten Blättern. Zauberhaft sieht der Romanesco aus, der sich auch als Unterpflanzung für so manche nette Kübeldame eignet.

Vitamine für den Winter

Die Blätter der Petersilie werden immer frisch verwendet und nicht mitgekocht, da sie sonst ihren guten Geschmack und die gesunden Inhaltsstoffe verlieren.

In jeder meiner Zellen spüre ich nun eine tiefe Sehnsucht nach frischem Grün. Mein Zimmerkräutergarten ist im Winter eine gute Möglichkeit, meine Lieben und mich mit Kräutern zu versorgen.

Meine Freunde auf der Fensterbank

Als Standorte für den Zimmerkräutergarten eignen sich alle Plätze, die hell sind. Ideal sind Fensterfronten und Wintergärten, um schnell wachsende Kräuter-Arten wie Kresse, Senf, Rucola, Dill, Kerbel und Portulak auszusäen. Schnell wächst ein kleiner Gesundheitsgarten. Auch Schnittlauch lässt sich gut auf der Fensterbank antreiben. Dazu steche ich an frostfreien Tagen den Schnittlauch im Garten ab, topfe ihn ein und stelle ihn aufs Fensterbrett. Das verwirrt ihn ein wenig und die Wärme der Wohnung lässt ihn glauben, es sei Frühling. Und schwupps, beginnt er zu treiben. Apropos topfen, wenn Sie jetzt die etwas schlappen Kräuter aus der Gemüseabteilung kaufen, bedenken Sie, man hat sie regelrecht zum Wachstum gezwungen. Liebevoll in einen größeren Topf mit Blumenerde umgepflanzt und nur da und dort ein Blättchen abgezupft, bekommt man schnell und leicht doch ein adrettes Pflänzchen. Besonders hübsch wirkt sowieso immer der Zimmer-Knoblauch, ein Freund der Fensterbank, der den ganzen Winter über Triebe produziert und auf sanfte Art den Knoblauch ersetzt.

Knackig frisch – Sprosse und Keime

Doch damit allein kann ich mein Bedürfnis nach frischer Kost nicht decken, besonders da meine Waage von Tag zu Tag ein klein wenig mehr anzeigt. Im Supermarkt lässt die Frische von Gemüse oft zu wünschen übrig, ferne Anbauregionen, lange Transportwege und vor allem die nicht so strengen Pflanzenschutzbestimmungen in den Anbauländern lassen mich häufig am Gesundheitswert der Ware im Gemüseregal zweifeln.

Dabei gibt es eine ganz einfache und noch dazu sehr preiswerte Möglichkeit, sich tagtäglich mit Frischem zu versorgen: Sprossen und Keime selber ziehen. Theoretisch können Sie jedes Saatgut zum Keimen bringen, vorausgesetzt, es ist ungiftig und chemisch unbehandelt. Um das zu garantieren, sollten Sie Saaten für Sprosse und Keime nur in Naturkostläden und Reformhäusern beziehen. Beliebte Getreidesorten für die Sprossenzucht sind Weizen, Roggen, Gerste, Hirse und Hafer, aber auch Amaranth, Quinoa und Buchweizen schmecken lecker. Von den Hülsenfrüchten eignen sich Erbsen, Kichererbsen, Linsen, Mungo- und Sojabohnen. Unter den Öl- und anderen Saaten sind vor allem Alfalfa, Bockshornklee, Leinsamen, Kresse, Radieschen, Rettich und Senf zu empfehlen.

So geht's

Die Samen werden zunächst über Nacht eingeweicht und dann am nächsten Tag mit frischem Wasser abgespült. Nach dem Abtropfen fülle ich sie ins Aufzuchtsgefäß. Hierfür können Sie sich ein spezielles Keimgerät kaufen oder aber Sie nehmen einfach ein Einweckglas, über dessen Öffnung Sie ein Mulltuch (Stoffwindel) legen und mit einem Gummiband fixieren. Im Gefäß sollten die Samen nicht übereinander liegen. Als Faustregel gilt: Glas oder Keimgerät nur mit ein bis zwei Esslöffeln Saatgut füllen, damit die Keimlinge genügend Platz zum Entwickeln haben. Am ersten Tag stelle ich das Gefäß an einen dunklen Ort, zum Beispiel in einen Schrank. Ab dem zweiten Tag sollten die Keimlinge jedoch im Licht stehen, dürfen aber keiner direkten Sonneneinstrahlung ausgesetzt sein.

Ganz wichtig: Die sich entwickelnden Keimlinge müssen täglich mindestens zweimal mit lauwarmem Wasser gespült werden und danach gut abtropfen, damit sich kein Schimmel bilden kann. Danach stellen Sie sie wieder auf ihren Platz zurück. Doch aufgepasst, vollständig austrocknen dürfen sie auch nicht. Sprosse und Keime bedürfen ein wenig Ihrer Aufmerksamkeit, wie es eben so ist mit dem Nachwuchs. Bei einer Raumtemperatur von 21 °C sind die Sprossen nach zwei bis fünf Tagen reif für die Ernte.

Grün, grün, grün ist alles, was ich brauche: Ich tue gern etwas für meine Gesundheit. Wenn es schnell geht, umso besser. Ich gebe einfach alle gesunden Kräuter aus dem Garten zusammen mit frischen Keimlingen in den Mixer, füge Kefir und etwas Salz hinzu – fertig ist mein Powergetränk.

Ein Kräuter-Smoothie (Rezept unten auf der Seite) versorgt mich mit Vitaminen und Mineralien für den ganzen Tag.

FÜR JEDEN TOPF GIBT ES EINE SCHEIBE

Kräuter lassen sich ganz leicht mit Saatscheiben aussäen. Darin liegen die winzigen Samen im richtigen Abstand und fließen beim Gießen nicht zusammen. Es gibt sie fix und fertig, auf verschiedene Topfgrößen abgestimmt, zu kaufen. Legen Sie die Scheibe einfach in den mit Anzuchterde gefüllten Topf und bedecken sie leicht mit Erde, ein wenig angießen. Täglich einen liebvollen Blick darauf werfen und schön feucht halten. Ist das Töpfchen stark durchwurzelt, Pflanzen in einen größeren Topf setzen.

Ernten, was ich gesät habe

Wer der Natur im Garten einen Platz geschenkt und sein Herz sogar für Disteln geöffnet hat, darf sich jetzt freuen: Wenn Stieglitze die Samen essen, begleiten uns ihre hellen „stigelitt"-Rufe beim Ernten.

Artischocken stammen ursprünglich aus dem Mittelmeerraum und bevorzugen deshalb auch in Ihrem Garten ein sonniges und warmes Plätzchen.

Ich esse nun auch meine Disteln, nur sind sie bei mir in Kultur und rufen sich Artischocken. Meine Artischocken im Garten sind nicht nur schön anzuschauen, sie schmecken zudem köstlich. Und man staune, die Inhaltsstoffe der Schönen wirken sich positiv auf Leber, Galle und Cholesterinwerte aus.

Geerntet werden die festen Knospen, wenn sie mindestens faustgroß sind und noch bevor sich die Schuppen öffnen. Zuerst ernten Sie die Seitenknospen, als Letztes die mittlere Knospe – sonst verliert die Pflanze im wahrsten Sinne ihre Mitte und hört auf, sich zu entwickeln. Wenn Sie es einmal mit den Artischocken probieren möchten, empfehle ich besonders die Sorten 'Green Globe' und 'Orlando F1'.

Aber mein Garten bietet noch mehr. Obst wird zuckersüß zu Gelee und Kompott verarbeitet. Gemüse wird schon mal sauer, wenn es haltbar gemacht wird, zum Beispiel als Sauerkraut oder saure Bohnen. Das meiste Gemüse lässt sich wunderbar einfrieren. Vor dem langen eiskalten Schlaf muss es kurz, so etwa drei Minuten, blanchiert werden. Nach dem Abkühlen wandert es in praktischen Portionen in die Gefriertruhe. Ich friere mein Erntegut nicht nur ein, sondern liebe es, den Genuss für den Winter auch einzukochen – natürlich nicht in unessbaren Mengen. Heute wähle ich die Light-Variante des Einkochens mit Twist-Off-Gläsern (deren Name erahnen lässt, dass neben dem Einkochen noch ein wenig Zeit zum Tanzen bleibt). Beim Einkochen müssen Gläser und Deckel vollkommen sauber sein. Das ist klar. Direkt nach dem Einfüllen der Leckerei sofort verschließen und heiß auf den Kopf stellen. Erst wenn die Gläser abgekühlt sind, wieder richtig herum drehen. So kann alles ein Jahr halten – wird es aber nicht, denn der Genuss ist unwiderstehlich und bald werden Sie alles aufgegessen haben.

Scharfe Artischocken

· 01 ·

Schneiden Sie die Böden der Artischocken und die untersten, sehr harten Blätter ab – das geht am besten mit einem
Sägemesser. Reiben Sie die Schnittstellen mit einer Zitronen-
scheibe ein, damit sie nicht braun werden.

· 02 ·

Die restlichen Zitronenscheiben kommen zusammen mit den
Artischocken in einen großen Topf mit Wasser. Lassen Sie
alles etwa 40 Minuten köcheln. Sind Sie sich nicht sicher, ob
die Artischocken fertig sind, gibt es einen Trick: Zupfen Sie an
den Blättern. Sie sind gar, wenn sie sich leicht lösen.

· 03 ·

Da Artischocken pur einfach nur grün schmecken, verrate ich
Ihnen hier mein Lieblingsrezept für einen scharfen Dip. Zwiebel, Knoblauch und Paprika möglichst fein würfeln und alles
in reichlich gutes, kaltgepresstes Olivenöl geben. Mit etwas
Salz und Pfeffer abschmecken. Verschärfter wird es mit Pul
Biber, einem Gewürz meiner türkischen Freundin Sultan. Sie
können es in türkischen Lebensmittelgeschäften, manchmal
auch in großen Supermärkten oder im Internet kaufen.

Das Rezept reicht für 4 Personen.

ZUTATEN:

8 Artischocken
2 Bio-Zitronen, in Scheiben
1 kleine rote Zwiebel
1 Knoblauchzehe
2 bis 3 kleine mittelscharfe
rote Paprika
Salz und Pfeffer
eventuell Pul Biber (scharfe
Gewürzmischung), alternativ
zerstoßene getrocknete Chili
Olivenöl

Viele Lebewesen, wie diese Regenwürmer, halten den Boden lebendig.

Alle *Phacelia*-Sorten eignen sich bestens als Gründüngung.

Bodenwellness nach dem Gartenjahr

Jeder wird einmal müde, auch der Boden als Grundlage allen pflanzlichen Wachstums. Nun, da die meisten Gemüse-Sorten geerntet sind und viele Blumen Tschüss gesagt haben, gönnen wir unserem Boden doch etwas Gutes.

Schutz muss sein!

Nicht nur ich, sondern auch alle kleinen Helfer, die Bodenlebewesen, haben ihren Stoffwechsel und die Aktivität zurückgefahren und schöpfen Kraft für die neue Vegetationsperiode. Ich schütze meinen Gartenboden so wie im Wald. Dort schützt die Laubdecke den Boden, damit die kleinen unsichtbaren Welten voller Lebewesen auch durch den kältesten Winter kommen. Kein Wind, kein Austrocknen, keine direkte Sonneneinstrahlung sollen die Ruhe stören. So haben die fleißigen Helfer nach dem Winter gleich viel Futter. Aber so leicht ist es dann doch nicht immer. Es gibt Böden, die sind so schwer, dass ich mir die Kräfte der Natur zunutze machen muss. In meinem Garten zum Beispiel ist solch ein schwerer Boden. Vielleicht hat er die früheren

Hunsrücker nach Brasilien getrieben, oder war es die Kälte? Sei's drum. Ich bleibe und ernte. Durch viele Jahre Mulchwirtschaft ist der Boden in meinem Gemüsebeet schon recht nett, aber immer noch schwer zu bearbeiten. Darum grabe ich erst gar nicht um, sondern nutze die Frostgare. Und das geht so: Ich nehme einen Spaten, tanke vorher Kraft und grabe nun nur ganz grob um. Wenn meine Kräfte nachlassen, lockere ich ihn nur. Und nun nehme ich die Sprengkraft des Wassers ausnahmsweise einmal gerne in Kauf: Es kracht und poltert im Winter ganz leise, aber effektiv in der nährenden Krume, denn beim Gefrieren dehnt sich das Wasser in den groben Schollen um 10 Prozent aus und „sprengt" die großen Schollen auseinander. Diese Sprengkraft hat es im wahrsten Sinne des Wortes in sich: Bei −22 °C wird ein Wasserdruck von unvorstellbaren 2 100 bar erreicht! Und das Ergebnis dieses Naturphänomens kann sich wirklich sehen lassen. Im Frühjahr ist der Boden, schwuppdiwupp, ganz in meinem Sinne ohne zusätzliche Arbeit sä- und pflanzfertig!

Auch eine Kur gehört dazu …

Doch ich kenne auch Jahre, in denen ich das Gefühl hatte, eher eine Krankenschwester als eine Gärtnerin zu sein, weil nichts wollte und alles vor sich hin kümmerte, nichts half und alles nervte. Dann verordne ich dem Boden eine richtige Kur. Ich beginne immer mit Gesteinsmehl, dessen Mineralien die Struktur des Bodens verbessern. Erst dann starte ich mit der „Sanierung" und kräftige Humus und Mikroorganismen mit einer Heilerde aus Bakterien-Hefeferment, also auf pflanzlicher Basis. Gesteinsmehl, Malzkeime und Zuckerrübenmelasse sind weitere Grundlagen dieser Heilerde. Also richtig viel Gutes aus der Natur – speziell im Herbst. Bekommen kann man sie im Handel oder im Internet (Bezugsquelle siehe Seite 157). Nachdem der Boden mit dem elementarsten versorgt wurde, mulche ich alles, damit unter dem warmen Zudeckchen der Boden heilen kann.

… oder ein wolliges Mäntelchen

Ja, ich verwende tatsächlich Wolle zum Regenerieren des Bodens. Denn ungereinigte Schafwolle, der noch Gras, Fett, Erde und Kot anhaften, enthält viele Stoffe, die die Pflanzen brauchen, und ist ein rein ökologischer Dünger. Zerzausen Sie die Rohwolle und arbeiten Sie etwa eine Handvoll davon pro Quadratmeter Boden ein.

GESTEINSMEHL …

› ist ein Bodenhilfsstoff, meist aus vulkanischem Gestein hergestellt
› enthält viele Mineralstoffe und Spurenelemente wie Aluminiumoxid (zur Humusbildung), Bor, Chrom, Jod, Kobalt, Kupfer, Mangan, Molybdän, Nickel, Silizium, Zink
› wirkt durch seine Quellfähigkeit geruchsbindend (hilfreich beim Ansetzen von Pflanzenjauchen)
› können Sie auch im Komposthaufen über frische Abfälle streuen

Was lange währt, wird endlich guter Gartenkompost: Immer noch hält sich das Gerücht, dass Walnuss- oder Eichenblätter nicht verrotten! Das stimmt so nicht. Probieren Sie es aus und sie werden feststellen, dass dieses Laub sehr wohl verrottet – es dauert nur etwas. Regenwürmer lieben es, denn im Gegensatz zum Fastfood der übrigen Laubarten ist es aufgrund der enthaltenen Gerbstoffe eine echte Rohkost!

Eine Herbstschale sieht umso schöner aus, je mehr selbst gesammelte Zapfen, Moose und andere dekorative Dinge Sie einfügen.

Ich pflanze kleine Zauberwelten

Nun wird an manchen Tagen der kalte Regen mir den Garten verwehren. Langsam ziehe ich mich zurück wie die gesamte Natur. Ich suche häufiger die Nähe des Hauses als noch vor Wochen, als der Sommer sein heißes Zepter schwang.

Ein Garten en miniature

So ist es für mich an der Zeit, ein Stückchen Garten nahe ans Haus zu bringen und ich lege ein wirklich kleines Gärtchen auf der Terrasse an. Wenig nur brauche ich dafür. Auf einem Spaziergang durch den Wald finde ich die gewünschte Handvoll Moos, bunte Blätter, von den Bäumen gespendete Zweiglein und Wurzeln, dazu die Geschenke des Herbstes: Kastanien, Hagebutten und andere perlengleiche Beeren. Eine schöne Schale finde ich in meinem Gerümpel, eine mit Abzugslöchern gegen Staunässe, ein paar Pflanzen hole ich mir beim Gärtner.

Heute wähle ich die Farbe Lila

Diese Farbe der Versuchung soll mein kleines verwunschenes Gärtlein bestimmen. Vielleicht ist es meine Versuchung, den Herbst im Garten zu halten? In den Hintergrund der Schale setze ich eine Hebe, die von Astern begleitet wird. Gelbblättrige Heide bringt Sonne ins Spiel und ein Mini-Wacholder liegt der Wurzel zu Füßen. Fehlen nur noch die kleinblütige, aber sehr winterharte Chrysantheme und die puschelige Heide – schon ist die kleine Zauberwelt fertig. Geschickt drapiere ich nun Kastanien und Hagebutten zu kleinen Kunstwerken, die in keinem Garten fehlen dürfen. Dieser Zwergengarten ist nun mein Blickbegleiter für die gartenunwegsamen Tage des Herbstes.

Noch mehr kleine Gärtchen

Manchmal mag ich es auch noch grüner, Grün die Farbe der Hoffnung auf Unsterblichkeit. Hierfür bietet sich ein Kübel an. Wie stets im Leben ist es wichtig, die Mitte zu halten. Im Kübel gelingt mir dies einfacher als im Alltag: In den Hintergrund setze ich – als haltende Mitte – einen Hochstamm, eine nette Kiefer oder eine distanzierte Eibe. Im vorderen Bereich platziere ich Lockerheit durch eine Hänge-Scheinzypresse und füge eine ordentliche Portion Fröhlichkeit durch Schnee-Heide (*Erica carnea*), Chrysantheme und Stiefmütterchen hinzu. Ein Geschenk des Herbstes ist es, dass mein grünes Gärtchen keinen Dünger mehr und nur noch wenig Pflege braucht. Noch mehr Fröhlichkeit in den dunkleren Herbsttagen gewünscht? Ein Farbenmeer bringt die Besenheide (*Calluna vulgaris*). Sie erfreut mich in Rosa, Rot, Violett oder Weiß. Zusammen mit der Topf-Erika (*Erica gracilis*) in Rot, Purpur oder Violettblau lässt sich der Herbst nicht besser pflanzen. Oder doch? Richtig bunt wird ein Herbstbalkon durch die Kombination von Heidepflanzen und Chrysanthemen. Letztere mag ich wegen ihrer lustig leuchtenden gelben, roten, weißen, orange- oder rosafarbenen, üppig-feurigen Blütenbälle.

SCHRITT FÜR SCHRITT

Pflanzen Sie ruhig etwas dichter, denn die Herbstblüher wachsen nicht sehr stark.

Geben Sie der Schale Struktur mit unterschiedlichen Höhen, nach dem Vorbild der Natur.

Ein paar Fundstücke mit in die Schale gesetzt, macht aus dem Arrangement ein Unikat.

Ich muss nochmal in den Garten, denn das nächste Frühjahr kommt bestimmt.

Millionen kleine Zwiebeln ...

... sehnen sich nach einem warmen Erdenbett. Denn nun gehört zu meinen wichtigsten Gartenarbeiten, dass ich dem Frühling mitteile, dass er bald bei mir willkommen ist und Einzug halten darf.

Ab ins Erdreich

Nichts ist mir wichtiger als ein Meer von bunten Frühlingsbotschaftern, die sich liebevoll der ersten Sonne entgegenstrecken. Darum pflanze ich ab Oktober Blumenzwiebeln. Wenn sich dann ab Januar der Garten mit Schneeglöckchen füllt und kurz darauf die Tulpen und Narzissen aus dem Winterschlaf erwachen, kommt der nächste Frühling bestimmt.

Dass die Blumenzwiebeln in den Erdboden wollen, ist ja klar. Doch was braucht es, damit sie auch tatsächlich in ein paar Monaten im Farbenrausch leuchten? Nicht viel und doch ein wenig mehr. Wie so oft im Leben beginnt es mit der Qual der Wahl. Ich achte auf den Schutz der Arten. Bitte kaufen Sie nur Zwiebeln, die in Gärtnereien vermehrt wurden (man sagt auch „aus Kultur") und nicht aus Wildbeständen. Viele Arten sind nach dem Washingtoner Artenschutzabkommen geschützt und bringen Ihnen keine Freude in den Garten.

Achtsamkeit ist beim Einkauf wertvoll, verzichten Sie auf beschädigte oder faule Zwiebeln, auch wenn es ein Schnäppchen ist, denn im nächsten Jahr haben Sie keinen Spaß daran. Also wirklich rechtzeitig frische Ware kaufen; Zwiebeln, die lang in der trockenen Luft im Verkaufsraum lagen, verlieren ihre Vitalität. Gerade die kleinen Märzbecher, Traubenhyazinthen und Schneeglöckchen zeigen einem gerne, dass sie sehr empfindlich sind. Nun geht's ans Pflanzen. Zunächst bereite ich den Boden vor und verteile auf jedem Quadratmeter 3 Liter Kompost. Schließlich will jedes Lebewesen Nahrung. Dabei fällt mir die Wühlmaus ein, die immer hungrig ist. Weil sie meinen schönen Blühern fernbleiben soll, lege ich die Zwiebeln nicht einfach so in die Erde, sondern in kleine Pflanzkörbchen. Man muss diese nicht immer kaufen. Kleine Schälchen, in denen zum Beispiel Physalis im Supermarkt angeboten werden, oder Hasendraht sind auch eine gute Sicherung. Und geben Sie noch ein paar Holunderblätter dazu, die hasst die Maus einfach. Nun kommt es noch auf die richtige Tiefe an. Es gibt eine Regel, die besagt, immer doppelt so tief pflanzen wie die Knolle oder Zwiebel groß ist. Doch warum nur die Beete in ein Frühlingsmärchen verzaubern, ein Krokusrasen lässt Ihr Herz vor Freude singen. Dazu einfach ein Stück Rasen herausstechen, Zwiebeln rein, Rasen wieder daraufflegen. Wählen Sie eine schöne Farbkombination wie die lila Sorte 'Pickwick' mit 'Jeanne d'Arc', einem weißen Krokus. Wenn Sie am Valentinstag einem Menschen ihre Liebe besonders deutlich machen möchten, legen Sie ihm oder ihr ein Herz aus Zwiebeln aus.

Im Herbst genieße ich die letzten warmen Sonnenstrahlen gerne an meinen großen Schulfenstern – mit Blick in den Garten.

Links:
Der Zierlauch macht im formellen Rosenbeet ebenso eine gute Figur wie in einer lockeren, naturnahen Bepflanzung.

Ende des Sommers ist in meinem Garten immer viel zu tun, zum Beispiel Platz zu schaffen für den Frühling.

Wild wird es

Ein verwilderndes Frühlingsblütenmeer ergibt sich aus Schneeglanz, Orientalischem Schneeglöckchen, Zwerg-Iris, Blausternchen und Spanischem Hasenglöckchen. Oh, ich muss etwas schwärmen: Schalen bepflanzt mit der einen, besonderen Schönheit unter den gefüllten Tulpen, der Sorte 'Angélique'. Diese Tulpen erinnern mit der Fülle ihrer Blütenblätter an Pfingstrosen (*Paeonien*) und werden deshalb manchmal auch als Paeonienblütige Tulpen bezeichnet. Und wenn sich dann, leise wie Schnee, die rosa Blütenblätter meines Zier-Kirschbaums um die Schale legen, ist es ein einziger Traum.

Nun noch schnell die echten Hingucker gepflanzt, den Zier-Lauch: toller Begleiter, herrliche Leuchttürme und die absoluten Trendsetter. Holen Sie sich für ein dauerhaftes Lächeln auf den Lippen den Riesen-Lauch (*Allium giganteum*) und den Sternkugel-Lauch (*A. christophii*) in Ihren Garten. Sie stehen lustig und auflockernd auch in meinen Beeten, ich vergleiche sie immer mit einem Wuschelkopf und einer Wunderkerze. Von beiden Arten lassen sich übrigens auch die Samenstände gut trocknen.

PFLANZTIEFEN VON BLUMENZWIEBELN

› Berg-Anemone 6 – 8 cm
› Blumen-Lauch 8 – 15 cm
› Hyazinthen 10 – 15 cm
› Krokus 8 – 10 cm
› Lilie 15 – 25 cm
› Märzbecher 8 – 10 cm
› Narzisse 10 – 20 cm
› Schneeglöckchen 7 – 8 cm
› Schneestolz 6 – 8 cm
› Traubenhyazinthe 10 – 12 cm
› Tulpe 20 cm
› Winterling 5 – 7 cm

Schon mal Hyazinthen mit Hütchen gezogen? Sie brauchen dazu ein Hyazinthenglas auf dessen speziellem Rand Sie die Zwiebel legen. Stellen Sie es nun an einen dunklen, etwa 10 °C kühlen Ort. Nach ungefähr zwölf Wochen haben sich Wurzeln gebildet und ein Trieb wird sichtbar. Nun stellen Sie das Glas mit der Zwiebel etwas (höchstens 5 °C) wärmer. Um den kleinen Trieb abzudunkeln, sollten Sie ihm ein selbst gebasteltes Hütchen aus farbigem Papier aufsetzen. Sobald sich das Hütchen von der Zwiebel abhebt, nehmen Sie es ab und die Hyazinthe darf ins Wohnzimmer umziehen. Denken Sie immer daran den Wasserstand im Glas zu kontrollieren.

Oben:
Gräser sind für die meisten Herbststauden ein wunderschöner Begleiter!

Der große Auftritt der Gräser

Nichts bewegt den Geist mehr, als über wogendes Gras zu schauen. Kann es der Grund sein, warum Ziergräser im Moment so einen großen Zuspruch erleben? Gerne lausche ich den ganz leisen Tönen des Windes im Gras.

Für Augen und Ohren

Ich glaube fast, dass wir eine tiefe Sehnsucht nach zarten, harmonischen Klängen haben, in dieser manchmal rauen, eckigen und mechanischen Welt. Doch auch sanfte Farben, die leicht und licht ineinanderspielen, sind meine Freunde für die Kreativität. Von Goldgelb über Stahlblau bis hin zum saftigen Grün sind bei den Gräsern alle Nuancen vertreten und verwandeln den Garten in ein anregend-buntes Farbenmeer, nicht zu vergessen die panaschierten Blätter. Und das alles in unterschiedlichen Höhen. Sollten wir das nicht auf Leinwand bannen? Nein, denn dann geht die Leichtigkeit verloren. Wir sollten die Leichtigkeit besser pflanzen, je nach Lust und Liebe. Und die Liebe darf sogar unendlich sein, denn die Gruppe der Gräser ist groß und weitläufig. Bekannt sind in unseren Regionen die Süßgräser. Am bekanntesten (besonders unseren Männern) sind wahrscheinlich die Rasengräser sowie unsere wichtigen Nahrungspflanzen, die Getreide-Arten und Mais. Ach, der Bambus, man höre und staune, gehört ebenfalls dazu. Er bildet aber im Gegensatz zu Süß- und Rasengräsern stabile und verholzende Halme aus.

Ich pflanze sie alle und das am besten im zeitigen Frühjahr, Gräser sind nicht anspruchsvoll, aber brauchen eine gute Kinderstube. Damit sich die Gräser wohlfühlen und wirklich etwas hermachen, arbeitet man vor dem Pflanzen 3–5 Liter Kompost pro m² direkt in die obere Bodenschicht ein. Nun kann man das Gras wachsen hören, wirklich, es knistert leise. Den ganzen Sommer können Sie sich an dem üppigen Zuwachs erfreuen und der kann besonders bei den Riesengräsern beachtlich sein. Da geht es mir bei den Gräsern anders als bei mir selbst, ich freue mich wenig angesichts meines üppigen Zusatzes.

Höhepunkt erst jetzt

Man meint häufig, man hätte sich im Sommer an den Farben der Staudenblüten und Sommerblumen bereits sattgesehen – großer Irrtum. In den Herbstmonaten wird es dann richtig „bunt" bei den Gräsern: So hole ich mir den „Indian Summer" in meinen Garten. Doch noch immer habe ich nicht genug, denn auch im Winter haben Gräser ihre Reize. Besonders eindrucksvoll sind sie glitzernd, wenn der Raureif sich mit seiner ganzen Kälte über Blätter und Fruchtstände legt und ein winterliches Ensemble zaubert. Ein Gesamtkunstwerk entsteht, wenn ich höhere Gräser wie die *Miscanthus sinensis*-Sorten kunstvoll zusammenbinde. Manche sehen danach aus wie kleine Zwergenhäuschen. Und damit man diese von Raureif, Frost und Schnee komponierten Bilder möglichst lange genießen kann, wird erst im Frühjahr zurückgeschnitten – und natürlich damit das Herz geschützt bleibt, das ist beim zauberhaften Gras genauso wichtig wie bei mir.

Riesengroß und herrlich schön

Doch ein Gras ist von immenser Kraft, ob in seinen herrschaftlichen Zügen oder in seinem unglaublich lebendigen Ausdruck: der Bambus. Ihm viel Aufmerksamkeit zu widmen, ist von großem Vorteil. Sanft soll er sich im Garten wiegen und leise Lieder summen, doch dafür braucht er einen hervorragenden Standort. Viele Bambus-Arten mögen volle Sonne (zum Beispiel *Phyllostachys aurea*, der Goldrohrbambus), andere stehen gerne absonnig oder im Halbschatten (wie *Pseudosasa japonica*). Bodendeckende Arten, wie der Zwergbambus (*Sasa*) oder *Pleioplastus*, vertragen sogar starken Schatten. Doch eins brauchen alle: viel, viel Wasser.

Nun habe Sie den besten aller Standorte für Ihren Bambus gefunden, dann bedenken Sie weise, dass er nicht nur oben, sondern auch unter der Erde immens wächst. Deshalb sollte man jeden rhizombildenden Bambus mit einem Rhizomschutz versehen, das heißt, ihn in einen Ring aus Beton oder hartem, starken PVC pflanzen. Dieser Schutzring muss bis in eine Tiefe von 80 cm hinabreichen. Oh, stöhnen Sie sicher auf, muss das wirklich sein? Ja, denn wenn Sie ihn nicht einsperren, wird die Plagerei noch schlimmer, denn er wird ihren Garten komplett vereinnahmen. Ob eingesperrt oder nicht, Futter braucht der Bambus reichlich: viel Mist oder Kompost und Hornspäne.

GRÄSER FÜR ALLE LEBENSLAGEN

Einjährige Gräser:
› Rosa Lampenputzergras (*Pennisetum setaceum*)
› Perlhirse (*Pennisetum glaucum* 'Purple Majeste')

Gräser für sonnige Standorte:
› Rohr-Pfeifengras (*Molinia arundinacea*)
› Gartensandrohr (*Calamagrostis × acutiflora*)
› Chinaschilf (*Miscanthus giganteus* 'Aksel Olsen' und *M. sinensis*)
› Sibirisches Graubartgras (*Spodipogon sibiricus*)

Gräser für nährstoffarme und sonnig-trockene Standorte:
› Lampenputzergras (*Pennisetum orientale*)
› *Nasella tenuissima*
› Riesen-Federgras (*Stipa gigantea*)
› Berg-Segge (*Carex montana*)

Schnipp schnapp, Verblühtes kommt jetzt ab

Nun ist es vorbei mit buntem Laub und schönen Blüten. Ein wenig traurig stimmt es mich schon, dass sich die Saison nun dem Ende nähert. Denn mein Garten schenkte mir doch so viele besondere Stunden.

Gelassen bleiben

Eigentlich könnte nun Ruhe in den Garten einkehren, doch so mancher Hobbygärtner wird von wildem Aktionismus getrieben: Bewaffnet mit Rechen, Laubsauger und Säge wird im Garten Schwerstarbeit geleistet. Das Laub muss weg! Mit demselben Tatendrang werden die Stauden radikal zurückgeschnitten und alles aus dem Garten geschafft, damit er wieder „ordentlich" aussieht. Doch mal ganz ehrlich, das braucht der Garten nicht wirklich.

Was der Garten jetzt braucht ...

... ist zwar eine ordnende Hand, doch mit Sinn und Verstand, wie mein Vater immer gesagt hat. Laub und andere abgestorbene Pflanzenteile bieten vielen Nützlingen Unterschlupf, die im nächsten Jahr die Schädlinge in Schach halten. Ich liebe auch Raureif an Gräsern und Zweigen, das sieht unglaublich aus. Laub entferne ich – das ist fast schon eine meditative Tätigkeit – vom Rasen, denn darunter können sich Pilze entwickeln, und, ganz klar, von den Wegen. Das genügt. Das Laub kehre ich unter Sträucher und Büsche als Winterbett für all die kleinen, ach so wichtigen Krabbeltiere.
Schnitttechnisch sollten nun nur die Gehölze wieder eine Form bekommen, die ein wenig aus dem Leim gegangen sind. Das klingt zunächst ganz einfach, ist aber doch ein wenig kompliziert. Für einen natürlichen, artgerechten Schnitt bedarf es ein wenig botanischer Kenntnisse.

Den Dill schneide ich erst ab, wenn er sich versamt hat oder vorher schon als Zutat für einen duftigen Blumenstrauß.

Etwas Schnitt-Botanik

Damit der Schnitt auch sinnvoll ist, sollten Sie wissen, mit wem sie es zu tun haben. Es lohnt sich, dem Strauch ein wenig auf die Füße zu schauen und herauszufinden, wo er seine frischen Zweige schiebt. Dann können Sie jeden Strauch, selbst alte griesgrämige, zu neuem, erfrischendem Leben erwecken. Also aufgepasst! Sträucher mit der netten Wuchsform basitonisch verjüngen sich aus der Basis, also von unten heraus. In diese Gruppe gehören die meisten Blütensträucher, wie etwa Forsythie, Blut-Johannisbeere, Deutzie, Pfeifenstrauch, Hartriegel, Weigelie, Schneeball, Wild-Rosen, Haselnuss und und und. Wenn ich diese Sträucher zurückschneide, krabbele ich zuallererst unter den Busch, sortiere die Äste in „was ist alt" und „wo kommen junge" und

Links:
Die verblühten Stängel vom Brandkraut (*Phlomis*) lasse ich lange im Garten stehen, denn sie bringen Struktur ins kahle Beet.

Oben rechts:
Ein Distelfink erfreut sich an den feinen Samenständen der Distel.

greife dann zur Schere. Ein Teil der Äste muss entfernt werden, doch wie bei allem, was wir im Leben tun, muss sich ein Gleichgewicht finden: Gleichmäßig sollten die Alt- und Jungäste im Strauch verteilt sein. Alle alten Äste, die zu viel sind, schneide ich beherzt direkt über dem Boden radikal ab. Auch die jungen übermütigen Triebe können leider nicht alle bleiben, sonst würde der Strauch struppig aussehen. Darum stehe ich nun auf, recke mich und schaue, und bücke mich zurück auf den Boden zur Basis des Strauches: Nun schneide ich die jungen Wilden so, dass die neuen Triebe möglichst in den Lücken zwischen den stehengebliebenen Altästen ungestört weiter wachsen können. Im Strauch sollte es so ähnlich wie in einer guten Familie zugehen: Alt und Jung beisammen, aber jeder hat genügend Raum für sich.

Doch es gibt noch eine andere Wuchsform, die gern ein wenig in Form bleiben will. Es geht um die Sträucher, deren Wuchscharakter einen sehr wohlklingenden Namen hat: akrotonisch. Dazu gehören verschiedene Ahorn- und Weiden-Arten, Magnolie, Blut-Pflaume, Felsenbirne, Flieder. Ihre oberen Triebspitzen wachsen immer am stärksten. Völlig anders muss ich bei diesen Gehölzen die Schere ansetzen. Hier ist das geschulte Auge gefragt, denn jedes dieser Gehölze will auf typische Weise zurückgeschnitten werden. Darum mein Tipp: Vertrauen Sie diese kleinen Schätze ab und zu Ihrem Gärtner an, es ist wie bei einem guten Haarschnitt. Es lohnt sich!

Gutes für mich und meinen Garten: Immer wieder wird über Wildschäden im Garten berichtet und mit welchen Mitteln man die Tiere verscheuchen kann. Doch wer einmal mit einer Nachtkamera das wundervolle Leben nach Einbruch der Dunkelheit beobachtet hat, wird sich über jeden Gast freuen. Darum bereite ich Rehen und Hasen, die im Winter in den Garten kommen, weil sie der Hunger treibt, einen gut gedeckten Tisch: Alles Schnittholz, besonders beliebt ist frisches, schichte ich in einer Gartenecke auf einen Haufen. Meistens werden dann, wie zum Dank, die Bäume nicht angefressen.

Die Christrose, kostbar ist sie ...

Sie ist meine Pflanze der Hoffnung. Leise erzählt sie mir auf ihre Weise, dass alles immer wieder zum Leben erwacht. Und dass man, wenn man eine besondere Aufgabe hat, sich von nichts davon abbringen lassen soll.

... und magisch

Die Christrose ist ökologisch sehr wertvoll. Sie wird gern von Erdhummeln und Wildbienen besucht, für die sie eine der ersten Nahrungsquellen im Jahr ist. In diesem tiefen Bewusstsein trotzt sie dem Eis.

Manchmal glaube ich, dass die Christrose (*Helleborus*) magische Kräfte besitzt, trotzen ihre Blüten doch so erfolgreich Eis und Schnee. Wenn sie zu Weihnachten blüht, können Bauern mit einem fruchtbaren Jahr rechnen, so verspricht sie im Volksmund. Dieser gab ihr einen seltsamen Namen: Nieswurz wird sie da genannt, ein komischer Name für solch eine hübsche Pflanze. Doch den Namen gab man ihr aus gutem Grund, denn die zu Pulver geriebene Wurzel reizt zum Niesen. Wilhelm Hauff verarbeitete dies in seinem Märchen Zwergnase, in dem der arme verzauberte Jakob dank Nieswurz wieder sein wahres Aussehen zurückbekam. Vielleicht sollte ich das Pulver auch einmal testen, bei meiner Nase ...

Christrosen sind wunderbar unkompliziert. Sie gedeihen im schattigen Staudenbeet unter größeren Laubbäumen auf durchlässigem Boden – vielleicht macht sie auch diese Eigenschaft so begehrenswert. Denn allein schon ihr Blattgrün verzaubert den Winter, noch einmal so schön wird es dann, wenn die pastellfarbenen, kräftig roten, limonengrünen, fast schwarzen oder zitronengelben Blüten, einfach oder gefüllt, manchmal auch gepunktet, in der Wintersonne strahlen. Ich staune!

IMMERGRÜNE WINTERSCHÖNHEIT: DIE KRIECHSPINDEL

› 'Darts Blanket': wuchsfreudiger Bodendecker mit grünen, im Herbst rötlichen Blättern
› 'Emerald'n Gold': breit hellgelb gerandete, im Winter rötliche Blättchen
› 'Silver Queen' und 'Emerald Gaiety': weiße Blattränder
› 'Minimus': sehr kleine, ganzjährig grüne Blätter
› 'Sunspot: grüne Blätter mit auffallend sonnengelbem Fleck in der Mitte

Hier ist Hilfe gefragt

Doch manchmal muss man ihr hilfreich zur Seite stehen, etwa wenn sie die Schwarzfleckenkrankheit bekommt. Dann erscheinen schwarze Flecken auf den befallenen Pflanzenteilen, die häufig vom Blattrand ausgehen. Da alle Pflanzenteile der *Helleborus* befallen werden können, sollten Sie bei den ersten Anzeichen sofort mit einem gründlichen Pflegeprogramm beginnen. Das sieht so aus: Rigoros alle befallenen Pflanzenteile entfernen und im Hausmüll entsorgen. Auch ein Umpflanzen hilft, denn diese Krankheit wird durch einen zu niedrigen pH-Wert des Bodens (der Boden ist zu sauer) oder einen zu feuchten Standort begünstigt.

Sollten Sie, was fast nicht möglich ist, kein repräsentatives Plätzchen im Garten für die Christrose finden, holen Sie sie ins Haus. Dann kann sie ihren Zauber auch für kurze Zeit in der Wohnung entfalten. Danach zieht sie in den

Garten um, darf aber keinesfalls direkt vom Warmen in die frostige Kälte umsiedeln! Stattdessen stelle ich die Christrose, wenn sie verblüht ist, in einen hellen, kühlen Raum und pflanze sie dann im März nach draußen. Auch wenn sie als Topfpflanze im Zimmer ziemlich heikel ist, als Schnittblume ist sie ein Traum! Als Schwimmblüte in einer Schale hält sie bis zu zwei Wochen lang. Aber auch am Stängel in einer Vase ist ihre Blühzeit beachtlich. Dabei verliert die Christrose nicht ihre Blütenblätter, sondern sie vergrünt mit der Zeit. Bezaubernd!

Doch ist die Christrose vergangen, muss man nicht trauern und bis zur nächsten Saison warten, ich habe viele ihrer Schwestern im Garten, eine hübscher als die andere: Die Lenzrosen-Sorten, die ihre Blüten im März und April öffnen. Ihre Farbenvielfalt ist für mich immer eine Überraschung, ebenso wie ihre hübschen Gesichter: Die Blüten lieben ein schönes, individuelles Farbenspiel, wie wir Menschen, sind gepunktet oder zart geadert. Eine wirklich außergewöhnliche Blütenfarbe hat die Palmwedel-Nieswurz (*Helleborus foetidus*), die von Februar bis April blüht. Ihre Blüten sind hellgrün und damit absolut im Trend.

Mit den Rosen haben die Christrosen nichts gemein. Sie gehören zu den Ranunkelgewächsen. Einzig die hübsche Blüte erinnert an eine einfach blühende Wild-Rose.

Trotz tierischem Verstand: Hunde können sich beim Stöckchen holen mit giftigen Zweigen (Oleander, Eibe etc.) vergiften; nicht umsonst heißen viele Pflanzen auf Deutsch Hundsgiftgewächse. Tödliche Vergiftungen treten bei Kleintieren wie Hasen und Meerschweinchen nach dem Genuss von Eisenhut, Hundspetersilie, Zaunrübe, Maiglöckchen, Herbstzeitlose, Fingerhut oder Tabak auf. Dürfen Ihre Vögel frei fliegen, sollten Sie auf Zimmerpflanzen wie Weihnachtsstern, Dieffenbachie, Flamingoblume und Christrose verzichten.

Zauberkraft haben gebundene

Ende November binde ich sieben Kränze für den Advent. So viele? Nun ja, ich wohne in einer alten Schule mit vielen Zimmern und einige dieser Zimmer freuen sich jedes Jahr über einen eigenen Adventskranz. Im Werkraum lagern Berge von Naturschätzen. Ich schneide alle Koniferenzweige kranzgerecht. Allein das ist schon ein himmlisches Vergnügen. Es duftet nach Nadeln und Holz. An den Händen sammelt sich Harz, an dem ab sofort alles ein wenig kleben bleibt. Für mich gehört das dazu; abends entferne ich das Harz ganz locker mit einem selbstgemachten Zucker-Olivenöl-Peeling.

auch Kränze

Eine Kombination aus Koniferen und Buchs gefällt mir sehr gut.

Kerzen müssen gut stehen – das ist wichtig.

Meine Zimmerpflanzenlieblinge

Sterne, die vom Himmel fielen und in meinem Wohnzimmerur-
wald landeten – das sind die Orchideen. Für mich sind sie die am
wenigsten verstandenen Zimmerpflanzen, denn sie gelten als kom-
pliziert und anstrengend. Ich finde, das sind sie überhaupt nicht!

Die aus dem Urwald stammen

Das alte Substrat und schlechte Wurzeln werden vor dem Umtopfen vollständig entfernt.

Schauen wir in die Ursprungsländer der Orchideen, so sitzen die Orchideensterne hoch oben in den Urwald-Baumriesen und verschenken dort ihr Strahlen. Die meisten sind Aufsitzerpflanzen. Dort, in luftiger Höhe dem Himmel so nahe, nehmen die fleischigen Wurzeln die Feuchtigkeit aus der Luft auf. Niemals werden sie mit Staunässe konfrontiert und vertragen sie daher auch in meinem Wohnzimmer nicht. Für die Pflege der schmetterlingsgleichen *Phalaenopsis* oder der farbkastenbunten, rundgesichtigen *Miltonia*-Orchideen bedeutet dies ein wöchentliches Bad in kuschelig warmem Wasser mit einer Prise salzfreiem Dünger (ein Drittel der auf der Packung angegebenen Menge!). Danach gut abtropfen lassen. Wohlig dick müssen die Wurzeln sein, prall und hell. Sind Sie sich unsicher, dann halten Sie sich an eine Faustregel, sie klappt immer: Wächst an der Orchidee ein neues Blatt oder ein Trieb, sollte gedüngt werden. Wächst die Orchidee nicht, kann auf die Düngung verzichtet werden.

Orchideen-Vielfalt

Dann freut sich meine Orchidee über ein neues Zuhause mit frischer Orchideenerde.

Blühfreudig und lebenslustig bleiben Orchideen an einem halbschattigen Standort. Eine besondere Freundin ist mir die wunderschöne violette *Vanda*. Diese Orchidee wird ohne Substrat kultiviert. Für ihr persönliches Wohlbefinden braucht sie immer eine hohe Luftfeuchtigkeit, deshalb hat sie sich mein Bad als Lebensraum ausgewählt. Das morgendliche Duschen mit der *Vanda* lässt mich von fernen Ländern träumen. Doch es gibt noch mehr Schönheiten unter den Orchideen. Ihre charmanten Gesichter verzaubern alles Graue in Bunt und die meisten betören uns sogar noch mit ihrem Duft. Die Aromen der Orchideen sind von Art zu Art sehr verschieden und bieten eine große Bandbreite an Dufterlebnissen von fruchtig bis blumig – aber sie duften auch nach Schokolade, Kokos, Flieder oder Himbeere. Mein Tipp: Gehen Sie in ein Orchideenhaus in einem Botanischen Garten und erblicken Sie nicht nur, sondern erschnuppern Sie auch Ihre Lieblingsorchidee.

Auch die anspruchsvolle Vanille gehört zu den Orchideen. Sie liebt es, von uns gestreichelt oder mit einem Pinsel gekitzelt zu werden. Sie fragen, warum? Ganz einfach, weil in unseren Wohnzimmern keine Kolibris und besonderen Bienen leben. Diese Vögel und Insekten bestäuben die Blüten – und ohne das gäbe es keine Vanilleschoten. Darum muss dort, wo diese natürlichen Pollenüberträger nicht vorkommen, der Mensch die Aufgabe übernehmen.

Umtopfen muss sein

Und noch eines müssen wir übernehmen: Wir geben ihnen eine Heimat am richtigen Standort, im richtigen Boden und wir sollten sie wie alle anderen, im engsten Raum gehaltenen Topfpflanzen umtopfen. Das ist bei den Orchideen ganz besonders wichtig, denn ihr luftdurchlässiges Substrat verrottet rasch und nimmt den Wurzeln die Luft zum Atmen. Zudem reichern sich im Substrat tödliche Salze aus dem lebensspendenden Gieß- oder Badewasser an. Darum topfe ich meine Schönheiten sofort um, wenn das Substrat veraltet oder schmierig wird, sich Schädlinge im Wurzelbereich befinden oder die Wurzeln zu faulen beginnen. Ansonsten ist der richtige Zeitpunkt zum Umtopfen das zeitige Frühjahr. Ein bis zwei Wochen vor dem Umtopfen gieße ich die Pflanze kräftig und dünge etwas. Beide Pflegemaßnahmen sind nach dem Umtopfen für einige Zeit schlecht möglich, weil Wasser und Dünger noch nicht direkt aufgenommen werden können. Außerdem lassen sich feuchte Wurzeln besser in den neuen Topf einsetzen als trockene.

Mein Orchideenbaum: Für eine Fernsehsendung habe ich einmal einen Orchideenbaum entworfen, da ich finde, dass Orchideen in ihrem natürlichen Umfeld als Aufsitzerpflanzen einen grandiosen Eindruck machen. Leider kann sich ja nicht jeder einen Stamm in die Wohnung stellen. Deshalb kann man einfach Kunststoffrohre, mit mehreren Abgängen, aus dem Baumarkt zusammensetzen und die Orchideen in einem Substratbündel einsetzen. Dieses Substratbündel bastele ich mir schnell aus einem ausgedienten Nylonstrumpf, gefüllt mit Orchideenerde, selbst. Die Rohre werden, der Schönheit wegen, noch mit großen Rindenstücken und Moos umwickelt. Ach ja, damit er stabil steht, einfach in den Weihnachtsbaumständer stecken.

Oben links:
Die *Phalaenopsis* zählt heute zu den bekanntesten und beliebtesten tropischen Orchideen.

Oben rechts:
Kaufen Sie immer gesunde Orchideen, damit Sie keine Krankheiten und Schädlinge einschleppen.

FÜRS UMTOPFEN BENÖTIGEN SIE

› eine scharfe Schere für den Rückschnitt kranker Pflanzenteile
› einen neuen Plastiktopf
› frisches Orchideen-Substrat
› Sprühflasche
› 70-%igen Alkohol
› Schwefel- oder Kohlepulver (optional, erhältlich in der Apotheke)
› Blähton
Nach dem Umtopfen gönnen Sie der Schere zum Desinfizieren ein kräftiges Schnäpschen.

Oben:
Eine imposante *Amaryllis*-Blüte, kombiniert mit einem von Flechten überzogenen Zweig, ist lang attraktiv in der Vase.

Winter in der Blumenvase

Oben rechts:
Misteln sind in allen Asterix und Obelix-Comics ein Bestandteil des Zaubertranks. Erst sie verleihen den Galliern unglaubliche Kräfte.

Im Winter schmückt sich mein Haus mit Sträußen aus Zypressen, alten Ästen und Blüten. Man braucht nicht viel, denn nun stehen die verführerischsten Rotnuancen der Dezemberblüten zur Auswahl: von Bordeaux und Purpur über Rosa und Pink bis hin zu Knallrot.

Eine Königin gibt sich die Ehre

Oft reichen mir eine der dunkelroten, üppigen *Amaryllis*-Blüten und ein knorriger, mit Flechten besetzter Holunderast, um einen ganz besonderen Zauber im Raum zu erzeugen. Für mich ist die *Amaryllis* die Königin unter den Zwiebelblühern. Leider werden in Gartenmärkten meist nur die "üblichen" verkauft, dabei gibt es rund 300 verschiedene Sorten.

Bei aller Üppigkeit und Eleganz ist die *Amaryllis* einfach zu kultivieren. Die Zwiebel darf zuerst zur besseren Bewurzelung einige Stunden lang in lauwarmem Wasser (25 °C) baden. Dann wird sie zu zwei Drittel in einen Topf mit nährstoffreicher, feuchter Erde gepflanzt, sodass die Zwiebel deutlich herausschaut. Weil sie es eng mag, passt zwischen Zwiebel und Topfrand gerade noch mein Finger hinein. Nach dem Angießen stelle ich sie an einen hellen, sonnigen Platz. Beachten Sie aber bei der unglaublichen Blüten- und Blattmasse auf kleinen Füßen: Sie neigt zum Übergewicht. Daher stelle ich meine *Amaryllis* in einen größeren, schweren Übertopf und drehe sie öfter, damit sie gerade wächst.

Rot und Grün

Besonders eindringlich strahlt der Weihnachtsstern die christlichen Farbbotschaften aus – Rot erinnert an das Blut Christi, Grün an die Hoffnung auf Erlösung. Den besten Platz für ihn finden Sie, wenn Sie einen Blick auf seine Heimat werfen. Der aus Mexiko stammende Weihnachtsstern wächst dort zwischen Sträuchern und Bäumen. Ich gebe ihm darum einen hellen, aber nicht zu sonnigen Platz. Und wenn Sie es zu gut mit dem Gießen meinen, wirft er die Blätter ab. Sehr gut funktioniert die Tauchmethode: Dabei tauche ich den Wurzelballen so lange in Wasser, bis keine Luftblasen mehr aufsteigen. Danach lasse ich das überschüssige Wasser mehrere Minuten lang ablaufen und stelle erst dann den Stern in den Übertopf. Das nächste erfrischende Bad wird erst genommen, wenn das Substrat trocken geworden ist, je nach Umgebungsbedingungen mitunter nach mehr als einer Woche.

Fallen seine Blätter ab, ist der Weihnachtsstern ein wenig müde. Nun wünscht er sich eine Ruhezeit mit sehr geringen Wassergaben und einen Rückschnitt um 15 cm. Danach treibt er munter wieder aus und verbringt den Sommer gerne im Garten. Dann, vor den ersten frösteligen Tagen, darf er wieder nach Hause kommen. In der Wohnung wird er täglich 14 Stunden völlig dunkel gestellt, das geht gut mit einem darüber gestülpten Eimer. Und pünktlich zum ersten Advent errötet er wieder.

Misteln, ja bitte

Eine Pflanze darf zur Weihnachtszeit nicht fehlen: die Mistel. Meinen Liebsten küsse ich unter dieser alles versprechenden Zauberpflanze. In manchen Gegenden gilt sie als neuer Lästling, doch bei uns ist sie teuer bezahlt. Wussten Sie, dass man Misteln im eigenen Garten selber "anbauen" kann? Nach dem Kuss haben Sie dazu die Möglichkeit: Zerdrücken Sie die Früchte, das ist eine ziemlich schleimige Angelegenheit. Dann kleben Sie den Samen mit dem ihm anhaftenden zähen Schleim an die eingeritzte Rinde von einem Wirtsbaum. Das können Obstbaum-Arten, Linden, Ahorn oder Weißdorn sein. Damit die Mistel auch anwachsen kann und nicht zum Leckerbissen von hungrigen Vögeln wird, wickeln Sie am besten etwas Hasendraht um den Mistelembryo. Ab März wächst aus dem Samen ein am Ende verdicktes Füßchen und krümmt sich sogleich zum Ast hin, so verharrt die Mistel erst einmal, bis sie im darauffolgenden Jahr richtig zu wachsen beginnt. Es ist ein spannendes Werden. Wenn sie Ihnen irgendwann zu viel wird, spielen Sie doch einfach Druide und ernten Misteln mit der Sichel.

AM 4. DEZEMBER IST BARBARATAG

Traditionell schneidet man an diesem Tag Kirschblütenzweige, die zu Weihnachten in voller Blüte stehen. Diese Zweige frühblühender Gehölze können Sie ebenfalls nehmen:

› Forsythie
› Ginster
› Goldregen
› Hasel
› Japanische Quitte
› Kornelkirsche
› Mandelbäumchen
› Schlehe
› Weide
› Winterjasmin
› Zaubernuss
› Zier-Johannisbeere
› Zier-Kirsche
› Zier-Pflaume

Perlengeschmückt: Ich mag Alpenveilchen. Sie kommen so schlicht daher und sind dennoch wunderbare Blumen. Richtig edel wirken sie, wenn ich sie mit Perlen schmücke, die wie Tautropfen auf den Blättern liegen. Dazu ziehe ich etwa zehn weiße Perlen aus dem Bastelgeschäft auf ganz feinen Draht auf und lege ihn locker um das Alpenveilchen.

Eigentlich kann ich das gar nicht so sagen, denn ein Gartenjahr ist doch ein Perpetuum mobile: Einmal von der Gartenleidenschaft eingefangen, kann und möchte man, besonders ich, gar nicht mehr aufhören. Doch wie alles im Leben kann auch ich nicht alles so einrichten wie ich möchte und der Winter macht alle Bemühungen, Blühendes und Fruchtendes im Garten lustvoll gedeihen zu lassen, zunichte. Aber er beflügelt den Geist! So forme ich all die schönen großen und kleinen Gartengeschichten des Jahres zu kunterbunten Texten. Und dann mache ich einen schönen langen, naserötenden Spaziergang durch die so leise gewordene Welt, mit Teddy …

Meine Schwiegermutter strickte mir die kuschelige Strickjacke

Beim Spazierengehen nehme ich eine Gartenschere mit, denn oft offenbart der Winter wunderschöne Zweige.

zum Lesen auf dem Sofa gibt es nichts Besseres!

Wissensdurstig?

Wenn Sie im Internet unterwegs sind ...

Meine Homepage: Hier finden Sie all die großen und kleinen Dinge, die mir in meiner grünen Welt begegnen, aber auch die Termine meiner Veranstaltungen und natürlich immer wieder topaktuelle Tipps. Gerne können Sie mir hier auch Ihre Fragen zu allen grünen Themen stellen: www.heike-boomgaarden.de

In Facebook plaudern Sie mit mir unter: www.facebook.com / heike.boomgaarden

Möchten Sie einen wunderbaren Garten haben? Oder suchen Sie Planer für ein Industriegelände oder eine ganze Stadt? Wenden Sie sich gern an mich und mein Team des Ingenieurbüro „DAS WESENTLICHE" unter: das.wesentliche@gmx.de

Meine Fernseh-Beiträge: Auf der Website des öffentlich-rechtlichen Senders SWR finden Sie unter anderem eine Auswahl meiner Beiträge – aber vor allem auch eine geballte Ladung an Informationen, Tipps, Themen und Interaktionen. Schauen Sie einfach vorbei unter: www.swr.de

Informationen *über alle* aktuellen grünen Themen finden Sie auf der Homepage der Gartenakademie Rheinland-Pfalz. Hier stehen auch die Adressen meiner Kollegen, den Pflanzendoktoren:
www.gartenakademie.rlp.de
Bundesweit finden Sie Gartenakademien unter:
www.gartenakademien.de

Ein grünes Lexikon wartet auf Sie im Wissens-Netzwerk Hortipendium. Wenn Sie den grünen Daumen haben, schreiben Sie doch auch mal mit.
www.hortipendium.de

Für ein grünes Deutschland setzt sich die Deutsche Gartenbaugesellschaft mit Ihrer Kampagne „Mehr Pflanzenvielfalt in Deutschlands Gärten" ein. Machen Sie mit, Sie bekommen zur Belohnung Schönheit, Duft und grüne Pracht von der Natur zurückgeschenkt. Informationen unter: www.dgg1822.de

Schloss Ippenburg, das Gartenparadies im Osnabrücker Land, ist seit über 600 Jahren im Besitz der Familie von dem Bussche. Hier entstand die „Mutter der deutschen Gartenfestivals". 2012 nehme auch ich am Festival teil. Einfach ein absolutes Muss für Gartenliebhaber. www.ippenburg.de

Projekte zum Schutz der Artenvielfalt: Sie wollen einen Beitrag leisten und helfen, gefährdete Pflanzensammlungen zu erhalten? Dann sind Sie hier richtig: www.netzwerkpflanzensammlungen.de

Lauter Lieblingsbücher

> Boomgaarden, Heike; Ollig, Werner; Oftring, Bärbel: **Natur sucht Garten**. 35 Ideen für nachhaltiges Gärtnern, Verlag Eugen Ulmer, Stuttgart, 2011.

Ich liebe die Bücher meiner Freundin Bärbel Oftring. Sie berichtet Erstaunliches, Interessantes, Wissens- und Erlebenswertes über Tiere und Pflanzen, Natur und Umwelt und über die besondere Verantwortung des Menschen für unseren schönen Planeten. Da sind wir völlig auf der gleichen Wellenlänge. Besonders gern mag ich folgende Bücher:
> Oftring, Bärbel: **Naturlust**. Draußen mehr erleben! Das Jahreszeitenbuch für die ganze Familie, Kosmos, Stuttgart, 2012.
> Oftring, Bärbel: **Nix wie raus!** 111mal Natur entdecken und erleben, Kosmos, Stuttgart, 2010.

Auch Bücher, die die enge Verbindung zwischen Mensch und Pflanze erklären, faszinieren mich. Zu meinen Lieblingsbüchern gehören:
> Groult, Jean-Michel: **Verbotene Pflanzen**. Psychoaktiv bis invasiv, Verlag Eugen Ulmer, Stuttgart, 2011. Dieses Buch zeigt die engen Verbindungen zwischen Mensch und Pflanze in all ihren Berührungspunkten.
> Jeffery, Josie: **Mit Samenbomben die Welt verändern**. Für Guerilla-Gärtner und alle, die es werden wollen, Verlag Eugen Ulmer, Stuttgart, 2012. Ich finde, ein sehr gelungenes und modernes Buch.
> Lenzing, Anette: **Gerichtslinden und Thingplätze in Deutschland**, Langewiesche, Königstein im Taunus, 2005 (momentan nur antiquarisch erhältlich).

Eine besondere Beziehung habe ich zu zeitlosen Büchern, die durch ihre Leidenschaft mein Herz berühren:
> Foerster, Karl; Peglow, Uwe: **Freude und Ärger im Garten**. Ein Lesebuch, Verlag Eugen Ulmer, Stuttgart, 2007. Ein Buch, das man immer wieder lesen kann.
> Merian, Maria Sibylla: **Das Insektenbuch**. Metamorphosis Insectorum Surinamensium, Insel Verlag, Berlin, 2002.
> Merian, Maria Sibylla: **Neues Blumenbuch**, Prestel Verlag, München, 2010. Obwohl erstmals 1680 veröffentlicht, blättere ich immer wieder darin.

Meine Einkaufstipps

Ökologische Pflanzenstärkungsmittel und Garten-produkte erhalten Sie in meinem Internetshop Natur findet Garten: www.heike-boomgaarden.de/shop/

Rosen-Tropfen (von Seite 56 / 57) und Pflanzen-Heilerde (von Seite 136 / 137)
Karl-Heinz Konrad
Garten-Praxis
Ringstraße 8
76863 Herxheim-Hayna
E-Mail: info@garten-praxis.de
www.garten-praxis.de

Homöopathie für Pflanzen
Bioplant Naturverfahren GmbH
Carl-Benz-Straße 4
78467 Konstanz
E-Mail: info@biplantol.de
www.biplantol.de

Bildquellen

Boomgaarden, Heike: Seite 12 re., 49 li., 54, 64 re., 66
Flora Press/GAP Photos Ltd.: Seite 18, 39
Flora Press/Otmar Diez: Seite 37 o.
fotolia.com/Marina Lohrbach: Seite 97 re.
iStockphoto/Magdalena Markiewicz: Seite 64 li.
iStockphoto/WinterWitch: Seite 85 li.
mauritius images: Seite 8, 10 li. o., 12 li., 15 re., 15 li., 16 o., 16 u., 19, 23 re., 31 re., 31 li., 32, 34 li. o., 43, 51 re., 55, 58, 59, 63 re., 63 li., 79 re., 79 li., 82 li. o., 85 re., 95, 97 li., 101 re., 101 li., 108 re., 111 re., 111 li., 121 li. o., 122, 128 re. o., 130, 131, 132, 136 re., 141 li., 145 li., 145 re., 146, 147, 152 re.
Möhrle, Bigi: Titelbild, Klappe vorne (4x), U4 (2x), Seite 3, 6, 10 li. u., 10 re. o., 10 re. u., 17 li., 17 Mi., 17 re., 21, 23 li., 24, 25, 26 li., 26 re., 28, 29 o., 29 u., 34 re. o., 34 re. u., 34 li. u., 36 re., 36 Mi., 36 li., 37 u., 38 re., 38 Mi., 38 li., 41, 44 li., 44 re., 45, 47 re., 47 li., 48, 49 re., 51 li., 56, 61, 67, 68, 69 re., 69 li., 71 re., 71 li., 72 re., 72 li., 73, 75 li., 75 Mi., 75 re., 77, 80, 82 li. u., 82 re. o., 82 re. u., 87 u., 88, 89 re., 89 li., 91 re., 91 li., 93, 94, 98, 99 o., 99 u., 100, 102, 103 re., 103 Mi., 103 li., 104, 105, 106, 107, 108 li., 112, 113 re., 113 li., 115 re., 115 li., 116, 117 re., 117 Mi., 117 li., 117 o., 118 re., 121 re. o., 121 re. u., 123, 125 re., 125 li., 126, 128 li. o., 128 li. u., 128 re. u., 134, 135, 136 li., 138, 139 re., 139 Mi., 139 li., 140, 141 re., 142 li., 142 re., 144, 148, 149 o., 149 u., 151 re., 151 li., 152 li., 154, 155 re., 155 li., 156, 158, 157, 159 re., 159 li.
Röllke, Lutz: Seite 150 o., 150 u.
Schissler & Fey, www.der-augenblick.com: Seite 40, 42, 57, 76, 118 li., 133
Vits, Anja: Seite 52
Zwermann, Karin: Seite 87 o.

Impressum

Bibliografische Information der Deutschen Nationalbibliothek
Die Deutsche Nationalbibliothek verzeichnet diese Publikation in der Deutschen Nationalbibliografie; detaillierte bibliografische Daten sind im Internet über http://dnb.d-nb.de abrufbar.

© 2012 Eugen Ulmer KG
Wollgrasweg 41, 70599 Stuttgart (Hohenheim)
E-Mail: info@ulmer.de
Internet: www.ulmer.de
Lektorat: Antje Krause, Doris Kowalzik
Umschlagentwurf: red.sign, Anette Vogt, Stuttgart
Innenlayout: Claudia Eder, Augsburg
DTP: Atelier Reichert, Stuttgart
Druck und Bindung: Firmengruppe APPL, aprinta druck, Wemding
Printed in Germany

ISBN 978-3-8001-7745-5

Wo finde ich was

Pure Lust auf Garten

- **Heilpflanzen für Garten, Balkon und Terrasse**
- **Mit Pflanzvorschlägen für schöne Heilkräuterbeete**
- **Leicht nachzumachende Rezepte für Küche und Wellness**

Pflanzen Sie die besten Heilkräuter einfach in Ihren Garten. In diesem Buch erfahren Sie, wie Sie sie leicht selbst ziehen, ernten und verarbeiten können.

Mein Heilpflanzengarten. Gesunde Kräuter pflanzen, ernten und anwenden. Rudi Beiser. 2012. 160 S., 159 Farbfotos und -zeichnungen, geb. ISBN 978-3-8001-7662-5.

- **Pflanzen nach ihren Wuchsformen harmonisch kombinieren**
- **In zwei Schritten zum harmonischen Beet**
- **Mehr als 270 Pflanzenarten und -sorten zur Auswahl**

Versuchen Sie es einmal mit dieser Methode: Schauen Sie zuerst nur auf passende Wuchsformen und stellen Sie diese zu einem harmonischen Bild zusammen. Erst im zweiten Schritt wählen Sie dann konkrete Pflanzen aus. Dieses Buch zeigt Ihnen wie es geht.

Gartenblumen in Harmonie. Stauden gekonnt kombinieren. Frank Michael von Berger. 2012. 144 S., 280 Farbabb., geb. mit SU. ISBN 978-3-8001-7663-2.

 **Ganz nah dran.**